당신도 명리의 고수가 될 수 있다

^{사 주 명 리}

四柱命理
완 전 정 복

2

용신분석
실력쌓기

Daum cafe 무공사주심리상담학회 동영상강의   지은이 무공(無空)

사주명리 완전정복 2 용신분석-실력쌓기

초 판 발 행 2018년 09월 01일
2 쇄 2022년 01월 01일

지은이 무공無空 김낙범
펴낸이 김민철

펴낸곳 도서출판 문원북
주 소 서울시 마포구 토정로 222 한국출판콘텐츠센터 422
전 화 02-2634-9846 / 팩 스 02-2365-9846
메 일 wellpine@hanmail.net
카 페 cafe.daum.net/samjai
블로그 blog.naver.com/gold7265

ISBN 978-89-7461-422-5
규 격 152mmx225mm
책 값 25,000원

당신도 명리의 고수가 될 수 있다

四柱命理 완전정복

사 주 명 리

문원북
BOOK

용신법은 비법이 아닙니다.
사주팔자의 용도와 역량을 파악하는 것입니다.

1권 초보 편에서 자동차를 운전하는 요령을 익히듯이 사주팔자의 구조를 파악하고 각각의 사용법을 익혔다면 이제 자동차의 용도와 역량 그리고 환경을 파악하듯이 사주팔자의 용도와 역량과 환경을 파악하여야 사주팔자를 통변할 수 있는 것입니다.

자동차의 용도가 승용차인지 화물차인지를 알아야 제 용도에 맞게 활용할 수 있는 것입니다. 마찬가지로 자신의 사주팔자가 직장인의 사주팔자인지 아니면 사업가의 사주팔자인지를 알아야 자신에게 맞는 적성으로 직업을 선택할 수 있는 것입니다.

승용차가 화물을 싣는다면 용도에 맞지 않는 것이고 화물차가 사람을 태우는 역할을 한다면 역시 용도에 맞지 아니한 것입니다. 직장인의 사주팔자가 사업을 한다고 하면 실패가 반복될 것이고 사업가가 직장인이 된다면 견디지 못하여 여기저기를 전전하며 힘든 삶을 살 것입니다.

화물차일지라도 5톤 차량과 10톤 차량의 역량은 다를 것입니다. 5톤 차량이 10톤의 화물을 싣는다면 차량이 고장 날 것이고 힘들 것이며 10톤 차량이 5톤의 화물을 싣는다면 만족하지 못할 것입니다.

사주팔자를 통변하기 위하여 용신법을 익히는 것은 자동차의 용도와 역량을 확실하게 알고 운전하는 것과 같습니다. 화물차인지 승용차인지를 구분하여야 알맞게 사용할 수 있는 것입니다. 화물차라면 5톤 차량인지 10톤 차량인지의 역량을 알아야 할 것입니다.

용신법을 익히기 위하여 세 분의 스승을 모십니다. 적천수천미의 임철초 선생과 자평진전의 심효첨 선생 그리고 궁통보감의 여춘태 선생을 모시고 공부를 하고자 합니다.

이분들은 오백여 년의 시공간을 달리하지만 우리의 영혼 속에 있으며 사주팔자의 용신법을 전수하여 주고자 합니다. 이분들은 서로 다른 용신법을 펼쳤지만 오백여 년이 지나면서 수많은 사람들에 의하여 왜곡되고 편집되었음을 안타까워하고 있습니다.

용신은 하나에만 집착하여서는 결코 문제를 풀 수 없음을 강조하고 있습니다. 격국용신만으로 사주팔자를 통변한다는 것은 눈먼 소경이 코끼리를 만지는 식으로 한쪽면만 보는 것이며, 억부용신이나 조후용신으로만 사주팔자를 통변하는 것 역시 마찬가지라고 합니다.

직장인의 사주팔자인지 사업가의 사주팔자인지를 구분하는 것은 격국용신이라는 패턴으로 사주팔자의 용도를 파악하여야 하는 것입니다. 직장인의 사주팔자가 사업을 한다면 승용차에 화물을 싣는 것과 마찬가지이며, 사업가의 사주팔자인데 직장 생활을 한다면 화물차를 승용차의 용도로 쓰고자 하는 것과 마찬가지입니다.

사주팔자의 역량을 알고자 한다면 억부용신이라는 패턴으로 사주팔자의 역량을 파악하여야 하는 것입니다. 화물차도 5톤을 싣는 화물차와 10톤을 싣는 화물차가 다릅니다.

이를 사주팔자에서는 역량이라고 합니다. 5톤의 역량밖에 안되는데 10톤을 싣고자 한다면 차가 고장 나기 쉬울 것이며 10톤 차량에 5톤만 싣는다면 만족하지 못한 삶을 살게 될 것입니다.

사주팔자의 환경을 알고자 한다면 조후용신이라는 패턴으로 사주팔자의 환경을 파악하여야 하는 것입니다. 자동차에 냉난방 장치가 제대로 되어있다면 쾌적한 운전을 할 수 있듯이 사주팔자에 한난조습이 조절된다면 삶의 환경이 쾌적할 것입니다. 사주팔자의 용도와 역량을 확실하게 파악하고 삶을 살게 된다면 성공할 수 있으며 행복할 수 있습니다.

용신이라는 비법을 찾아 수많은 시간과 비용을 허비하고 나서야 용신의 참된 용법을 알게 됩니다. 세 분의 스승님이 현신하여 가르쳐주신 덕분입니다.

그분들은 비법은 없다고 하면서 스스로 비법을 만들어야 함을 알려주신 것입니다.

자신의 비법이 최고라고 자랑하는 부류하고는 다릅니다. 쿵푸 팬더의 이야기를 하면서 무릎을 치고 크게 웃었던 기억이 난답니다. 그때 속이 뻥 뚫리는 기분이 들면서 눈앞이 훤해지는 것입니다. 용신의 맛을 이제야 알겠노라고...

용신법을 익히고 나면 통변술을 익혀야 할 것입니다.
통변술은 사주팔자의 용도와 역량 그리고 환경에 따라 사는 삶을 조명하여보는 것입니다. 지금 현재 사는 삶이 어렵고 힘들다면 사주팔자에서 제시하는 용도와 역량대로 살지 아니하였기 때문입니다. 그러므로 삶이 힘든 것입니다.

사주팔자에서 제시하는 용도와 역량대로만 산다면 삶은 그리 힘들지 아니합니다. 자신의 용도와 역량대로 살기 때문입니다. 화물차의 용도인데 남들처럼 승용차의 용도대로 쓰고자 하는 욕망으로 자신의 용도를 무시하였기 때문입니다. 승용차의 용도인데 남들처럼 재물을 많이 싣고 다니는 화물차가 부러웠기에 힘든 삶을 사는 것입니다.

제3권에서는 통변술의 요령을 제시하였습니다. 통변술은 사주팔자의 용도와 역량을 파악하고 지금 현재 어떠한 삶을 살고 있는가를 알려주고 앞으로 어떠한 삶을 살아야 하는지를 조언하고 제시하는 것입니다.

제4권에서는 운세활용을 제시하였습니다. 사주팔자는 대운의 환경에 의하여 성장운세와 하락운세가 변화하면서 길흉이 발생하는 것입니다.
이러한 운세 변화를 삶에서 어떻게 활용할 것인지를 제시하였습니다.

제5권에서는 5차원 물상을 활용한 입체통변기법을 제시하였습니다.
5차원의 시공간에서 사주팔자를 입체적으로 바라보면서 사주팔자와 대운 세운의 변화과정을 살피고 개운하는 방법을 제시하였습니다.

결국 사주팔자를 알아야 하는 이유는 사주팔자를 통하여 삶의 걸림돌을 제거하고 디딤돌을 찾아 개운을 함으로써 보다 행복한 삶을 사는데 그 목적이 있다고 할 것입니다.

이 책은 사주팔자의 용신법을 공부하는 참고서입니다.
교과서는 연해자평, 삼명통회, 명리정종, 자평진전, 적천수천미, 궁통보감 등의 고서라고 할 수 있습니다.
사주팔자의 패턴을 분석하기 위한 용신법에 주력하였습니다.
자평진전의 격국용신, 적천수천미의 억부와 전왕용신, 궁통보감의
조후용신을 위주로 하였습니다.

용신은 사주팔자의 패턴에서 가장 중요한 요소입니다.
격국용신으로 사주팔자의 용도를 파악하고
억부용신으로 사주팔자의 역량을 파악하고
조후용신으로 사주팔자의 환경을 파악하여야
지금 현재의 삶을 제대로 살고 있는지 알 수 있는 것이며
삶의 목적을 명확하게 재설정하여 행복한 삶을 살기 위한 것입니다.

용신을 올바르게 사용하여야 사주팔자의 용도와 역량에 따라 삶을 편안하고 행복하게 살 수 있는 것입니다. 용신이 무엇인지도 모르고 용신운에 무조건 좋다는 식은 두통에 게보린이라는 약물의 오남용을 만들게 됩니다.
용신의 용도와 역량에 따라 사주의 구조를 파악하고 패턴을 분석하여야
사주를 통변하고 삶의 문제를 해결할 수 있는 것입니다.

1권에서는 초보적인 통변요령을 익히도록 하였습니다.
복잡한 이론을 피하고 사주팔자를 구성하고 있는 음양오행과 천간 지지의 성정을 이해함으로써 사주팔자의 구조를 이해하고 기초적인 통변요령을 익혔다면

2권에서는 용신법을 익히도록 구성하였습니다.
용신법에 대한 복잡한 이론과 기술을 몰라도 사주팔자의 용도와 역량 그리고 환경을 용신법으로 파악하여 삶의 용도와 역량을 쉽게 이해할 수 있도록 구성하였습니다.

자평진전의 격국용신, 적천수천미의 억부와 전왕용신, 궁통보감의 조후용신에 의한 사주팔자의 용도와 역량을 고전에 따라 체계적으로 정리하여 익히기 쉽도록 하고 실제 통변에 활용할 수 있도록 하였습니다.

3권은 통변편으로
자동차도 내비게이션이 있어야 목적지를 가장 효율적으로 갈 수 있는 것입니다. 통변의 목적을 명확하게 파악하고 현재의 문제점에 대한 최적의 대안을 제시하여 가장 효율적인 길을 안내하는 요령을 제시하며 통변의 주요 과제에 따른 상담기법도 아울러 소개하고 전문상담가로서의 통변과 상담을 할 수 있도록 구성하였습니다.

Contents

제1장 용신총론用神總論

제2장 격국용신론格局用神論

제3장 억부용신론抑扶用神論

제4장 전왕용신론專旺用神論

제5장 조후용신론調候用神論

제1장
용신총론

用
神
總
論

용신用神의 개념

용신이란 무엇인가?

● 용신用神이란 사용하는 육신으로 사주팔자의 용도를 결정짓는 중요한 도구입니다.

용신은 사주팔자의 용도로서 사회적 쓰임과 적성 그리고 능력을 판가름하는 중요한 육신입니다. 또한 삶의 환경을 어떻게 적응할 것인가를 말해주고 있는 것도 용신입니다.

일반적으로 용신은 희기를 판별하는 것으로 잘못알고 있는 경우가 많습니다. 용신운에 커다란 대박을 안겨줄 것처럼 이야기 하며 용신을 오해하고 있는 경우도 많습니다. 그래서 용신만 찾으면 된다는 식으로 보물찾기에 열중하기도 합니다.

이는 용신을 오해한 것으로 용신은 희기를 판별하는 요소가 아닙니다.
용신운에 좋은 일이 있을 것이라고 하였는데 정작 실제 삶에서 어려운 일을 당하고는 용신이 잘못되었다고 다른 용신을 찾는 경우가 많습니다.
용신의 패턴을 모르고 잘못 사용하였기 때문입니다.

용신은 용도에 따라 쓰임이 다르다는 것을 알아야 합니다.

격국용신의 쓰임이 다르고 억부용신의 쓰임이 다르고 조후용신의 쓰임이 다른 것입니다. 그러므로 용신이 다 같은 용신이 아니라는 것입니다. 용신이 무엇에 쓰는 물건인지 우선 알아야 용신을 안다고 할 수 있는 것입니다.

❷ 용신을 어디에 쓸 것인가?

● 용신찾아 삼만리를 헤매고 나서 겨우 용신의 패턴을 알고 쓰임새를
  알게 됩니다.

용신이 무엇인지 모르던 시절에 용신을 찾아 무지하게 헤매고 나서야 겨우 용
신의 패턴을 찾고 용신의 쓰임새를 알게 됩니다. 용신의 패턴에는 여러 가지
가 있습니다. 사회적 쓰임새를 결정하는 용신이 있고 능력의 불균형을 조절하
는 용신이 있는가 하면 삶의 편의성을 제공하는 용신도 있는 것입니다.

사회적 쓰임새를 결정하는 기능을 격국용신이라고 하고
능력의 불균형을 조절하는 기능을 억부용신이라고 하고
삶의 편의성을 제공하는 기능을 조후용신이라고 합니다.

격국용신은 사회적 쓰임새로서 적성과 직업을 적절하게 사용할 수 있는 그릇
을 만드는 용신이며
억부용신은 오행의 태과불급으로 만들어지는 능력의 불균형을 조절하고 사
회적 역할의 역량을 가늠하는 용신이며
조후용신은 춥고 더운 기후의 조절로 삶의 편의성을 제공하는데 쓰이는 용신
인 것입니다.

❸ 격국용신은 사회적 쓰임새를 어떻게 결정하는가?

● 질이 좋은 그릇이어야 쓰임새가 있다고 하는 것입니다.

격국용신을 그릇이라고 합니다. 사회적 쓰임새를 말하는 것입니다. 그릇에도
여러 가지 종류가 있습니다. 밥그릇이 있는가 하면 반찬그릇이 있고 국그릇이

있고 장독으로 쓰이는 경우에도 김칫독이 있고 된장독이 있으며 간장독이 있는 것입니다. 도자기에도 수천 원짜리가 있는가 하면 수억 원을 호가하는 도자기도 있는 것입니다.

사주팔자도 이와 같습니다. 격국용신을 찾는 것은 쓰임의 용도에 따라 직장생활을 할 팔자인가 아니면 사업을 할 팔자인가를 구분하며 재물에 관심이 있는가 아니면 명예에 관심이 있는 팔자인가를 구분하고 과연 재물을 얼마나 담을 수 있는가 명예를 얼마나 취할 수 있는가를 판별하는데 격국용신을 쓰는 것입니다.

❹ 억부용신은 능력의 태과불급을 어떻게 조절하는가?

● 사주팔자에서 만들어진 오행의 태과불급은 능력의 태과불급이며 사회적 역량의 부조화를 가져오므로 억부용신으로 능력과 역량의 균형을 조절하는 것입니다.

사주팔자는 우주변화의 원리에 의하여 연월일시가 운행하면서 일정한 법칙을 가지고 오행의 조합을 형성하고 간지를 통하여 표현하는 삶의 패턴이지만 60갑자가 단지 사주팔자로 표현되므로 오행의 태과불급이 자연적으로 발생되고 이로 인하여 불안정해지는 것입니다.
오행의 태과불급은 사주팔자의 능력의 불균형을 가져오고 사회적 역량의 불균형을 가져오며 삶을 어렵게 만듭니다.
그러므로 사주팔자는 스스로 태과불급을 조절하고자 하는 자연의 법칙을 따르며 능력과 역량의 태과불급을 조절하는 것이 바로 억부용신입니다.

태과한 오행은 덜어내야 하고 불급한 오행은 도와주어야 하는 것이 억부抑扶의 작용입니다.
抑은 억제할 억이고 扶는 도와줄 부이기 때문입니다.

억부용신은 사주의 능력과 역량을 조절하는 작용을 합니다. 능력이 부족하고 사회적 역량이 부족하면 자신의 뜻을 제대로 펼치기 어렵고 이리저리 이끌려 다니며 어려운 삶을 살게 되는 것입니다.

⑤ 조후용신은 사주의 기후를 어떻게 조절하는가?

●조후용신은 사주팔자의 기후를 조절하여 쾌적한 삶의 환경을 만드는 작용을 합니다.

지구상에도 열대지방과 한대지방이 있듯이 사주팔자에도 한열대의 기후가 있습니다. 추운 겨울에 태어났는데 사주에 따뜻함이 없다면 한대지방에 사는 것과 마찬가지이고 더운 여름에 태어났는데 사주에 시원함이 없다면 역시 열대지방에 사는 것과 마찬가지입니다.

더운 사막을 달리는 자동차에 에어컨이 없다면 더위에 시달릴 것이고 추운 북극지방을 달리는 자동차에 난방장치가 없다면 역시 추위에 시달릴 것입니다.

역시 사주팔자에 난방장치가 잘 되어있다면 운에서 혹독한 추위가 와도 능히 견딜 수 있는 것이며 사주팔자에 냉방장치가 잘 되어있다면 운에서 혹독한 더위가 와도 능히 견딜 수 있는 것입니다.

사주팔자에 냉온방 장치가 잘 되어 있다면 조후가 구비되었다고 합니다. 조후가 구비되면 쾌적한 삶을 살게 됩니다. 조후가 구비되지 아니하면 더위에 고생하고 추위에 고생하므로 삶이 핍박해 질 수 밖에 없는 것입니다.

그러므로 조후용신을 찾는 것은 더위에 미리 대비함이고 추위에 미리 대비하는 것이라고 보면 될 것입니다.

02 용신用神의 기세

기본개념

● 왕쇠강약의 기세란 무엇인가?

왕쇠강약은 용신이 가진 기세의 크기로서 사주팔자에서의
용신의 능력을 가늠하는 것입니다.

◆ 용신의 기세

구분	기준	내용
기氣	왕쇠旺衰	사상의 월령을 중심으로 패턴 형성 한난조습으로 삶의 환경 조절
세勢	강약强弱	지지의 세력을 중심으로 패턴 형성 성장과 결핍의 삶의 에너지 조절

핵심 Tip

기氣	투출	월령의 계절 기운 - 왕쇠
세勢	통근	지지의 통근 세력 - 강약

월령중심은 왕쇠의 기를 위주로 하며 일간중심은 신강 신약을
위주로 하고 오행중심은 강약의 세력을 위주로 합니다.

용신은 고서에서 현자들에 의하여 많은 방식으로 개발되었으며
일반적으로 월령중심과 일간중심, 오행중심의 용신으로 구분됩니다.

월령 중심	자평진전의 격국용신	월령을 중심으로 격국형성
	궁통보감의 조후용신	월령을 중심으로 기후의 균형도모
일간 중심	적천수천미의 억부용신	신강 신약을 주축으로 인비대 식재관의 기세의 균형도모
	자평진전의 격국용신 궁통보감의 조후용신	일간을 중심으로 기세의 균형도모
오행 중심	적천수천미의 억부용신	오행의 상호간 기세의 균형도모
	적천수천미의 전왕용신	가장 강한 세력을 따르게 함
	적천수천미의 통관용신	세력 간의 연결로 균형도모
	명리정종의 병약용신	병이 되는 오행에 약을 쓰며 균형도모

용신은 사주팔자의 패턴에 따라 여러 가지로 만들어집니다. 대체로 일간과 월
령을 기준으로 용신을 찾으며 격국용신은 일간과 월령을 중심으로 용신을 찾
으며 억부용신은 일간의 신강 신약을 기준으로 용신을 찾는 경우와 오행의 기
세를 기준으로 용신을 찾는 경우로 나누어지고 전왕용신과 통관용신 그리로
병약용신으로 구분되기도 합니다.
용신의 기세에 따라 사주팔자의 능력이 달라집니다.

● 용신이란 사주팔자의 쓰임새입니다.

사주팔자에서 패턴을 찾아내는 중심 기준이 용신입니다.

어느 것을 기준으로 하느냐에 따라 용신이 달라집니다. 그러므로 기준이 없는 용신은 모호해지기 마련입니다. 용신을 찾아 삼만리를 헤매고 나서야 용신의 용도와 능력이 기준임을 겨우 알게 되었습니다.

용신의 용도와 능력은 기세로 판별합니다.

● 기세는 왕쇠강약을 중심으로 합니다.

기는 기운의 왕쇠입니다. 기운이 왕한가 쇠약한가를 판별하여 용신의 왕쇠를 판별하게 됩니다.

세는 세력의 강약입니다. 기운이 강한가 약한가를 판별하여 용신의 강약을 판별하게 됩니다.

● 기의 패턴은 월령을 중심으로 합니다.

사상은 태양, 태음, 소양, 소음을 말하며 계절과 기후와 밀접한 관계가 있습니다. 태어난 달이 어느 월령에 속해있느냐에 따라 격국이 달라지고 기후의 한난조습으로 삶의 환경을 조절하며 격국의 성패가 결정되는데 이것이 기의 패턴입니다.

● 세의 패턴은 지지 세력을 중심으로 합니다.

지지의 세력은 세력의 패턴을 형성합니다. 태과불급으로 인한 결핍의 심리와 등가에 의한 성장의 심리가 자연적으로 발생하게 되며 삶의 에너지를 조절하게 됩니다. 이것이 세력의 패턴입니다.

격국용신과 조후용신은 기의 패턴을 중시하며, 억부용신과 전왕용신은 세의 패턴을 중시합니다.

◆ 천간이 월령에서 투출하면 기를 득하였다고 합니다.

계절	봄寅卯辰	여름巳午未	가을申酉戌	겨울亥子丑
월령의 기	木	火	金	水

辰戌丑未월은 계절 기운과 土기를 함께 가지고 있습니다.

甲乙木이 寅卯辰월에 木기의 월령을 득하였다고 합니다.
丙丁火가 巳午未월에 火기의 월령을 득하였다고 합니다.
庚辛金이 申酉戌월에 金기의 월령을 득하였다고 합니다.
壬癸水가 亥子丑월에 水기의 월령을 득하였다고 합니다.
戊己土가 辰戌丑未월에 土기의 월령을 득하였다고 합니다.

◆ 천간이 지지에 통근을 하면 세력을 가졌다고 합니다.

천간	甲乙	丙丁戊己	庚辛	壬癸
통근	寅卯辰 亥卯未	巳午未 寅午戌	申酉戌 巳酉丑	亥子丑 申子辰
세력	木	火土	金	水

● 사주에 같은 오행의 천간과 지지가 많으면 세력이라고 합니다.
사주에 甲乙이나 寅卯가 많으면 木의 세력이 있다고 합니다.
사주에 丙丁이나 巳午가 많으면 火의 세력이 있다고 합니다.
사주에 戊己나 辰戌丑未가 많으면 土의 세력이 있다고 합니다.
사주에 庚辛이나 申酉가 많으면 金의 세력이 있다고 합니다.
사주에 壬癸나 亥子가 많으면 水의 세력이 있다고 합니다.

03 용신의 종류

◆ 용신의 종류에는 여러 가지가 있습니다.

용신의 종류	개 념
격국용신	월령을 중심으로 사주체 형상의 성패
억부용신	태과불급한 기세의 균형 조절
전왕용신	왕강한 세력으로 집중시키는 역할
조후용신	사주체의 계절적 환경 제공
통관용신	세력끼리 연결하는 중매 역할
병약용신	병이 있는 육신을 약으로 치료하는 역할

세부학습

● 기준에 따라서 용신이 달라집니다.
사주팔자를 놓고 용신이 어느 것이냐고 묻기 전에 사주팔자에서
어떠한 기준으로 용신을 찾아야 하는 지를 우선 알아야 합니다.
기준이 모호하면 용신을 찾기 어렵습니다. 용도에 따라 용신이
달라지기 때문입니다.

용신은 삶의 패턴과 능력을 결정하는 요소입니다.

1 격국용신格局用神

● 격국용신은 월령을 기준으로 합니다.

자평진전의 격국론은 삶의 품격을 결정하는 패턴으로 월
령 중심의 격국용신입니다. 용신은 오직 월령에서 찾으라
고 강조합니다. 월령은 계절이며 사주의 기적 요소이기
때문입니다. 기적요소의 크기는 왕쇠로 표현합니다.

기가 왕성하다면 삶의 품격이 높은 것이고,

기가 쇠약하다면 삶의 품격이 낮다고 보는 것입니다.

● 왕쇠 ⇨ 왕상휴수 ⇨ 십이운성

왕쇠旺衰란 기의 성쇠盛衰를 말합니다. 기가 왕성하다고 하면 기가 번성하고
있는 것이며, 기가 쇠약하다고 하면 기가 소멸하고 있는 것입니다. 이를 사상
으로 표현한 것이 왕상휴수이며 12지지로 구분한 것이 십이운성입니다. 십이
운성十二運星은 기의 성쇠를 표현한 것입니다.

● 격국용신 ⇨ 월령 + 상신

월지에서 투출한 천간이 월령을 얻으면 가장 왕성한 육신으로 격국의 패턴을
만드는 격용신이 되는 것이고 격용신을 도와 패턴을 완성시켜주는 육신을 상
신相神이라고 하며 이를 합쳐 격국용신이라고 합니다.

격국용신은 품격을 형성하는 패턴으로, 사회적 역할을 하는 주요 적성이기도
합니다.

● 격국은 사주팔자의 품격입니다.

사주팔자의 품격을 격국格局이라고 합니다. 사회에서 어떠한 역할을 하면서
쓰여야 할지 결정하는 요소입니다. 그러므로 격국은 사회적인 틀이라고 하는
것입니다. 격국이 성격되었다는 것은 사주팔자의 품격이 완성된 것이므로 사
회적 활동의 주요 동력으로 작용하며 성공할 수 있는 여건이 마련되었다고 보

는 것입니다. 단지 품질의 차이에 따라 부귀빈천이 결정되기도 합니다.

격국이 패격되었다는 것은 사주팔자의 품격이 완성되지 아니한 것이므로 운에서 성격시켜주기를 바라며 자신의 노력 여하에 따라 부귀빈천이 결정되기도 합니다.

● 대운은 격국용신이 변화하는 모습입니다.

사주팔자에서 격국이 만들어졌다면 대운이 운행하며 격국을 변화시킵니다. 사주체의 격국용신은 월령의 기이므로 대운에서 월령의 기가 변화하면서 격국을 변화시키는 것입니다. 대운은 월령의 기가 변화하는 과정이기 때문입니다. 그러므로 대운에서 격국의 모습이 변화하며 성패가 결정되는 것입니다.

● 세운에서는 격국용신을 사용하는 것입니다.

대운에서 변화된 격국을 세운에서 사용하는 것이지 세운에서 격국이 변화되지 아니합니다. 세운에서 격국을 사용하는 입장입니다. 격국의 쓰임새가 세운에서 있는지 없는지를 보는 것입니다.

대운에서 격국용신의 패턴이 변화하며, 세운에서 격국용신을 삶에서 활용하게 됩니다.

● 격국용신의 교과서는 자평진전이라고 할 수 있습니다.

월령을 기준으로 격국용신을 찾는 방법은 많은 고서에서 채용하고 있지만, 격국을 성격시키는 요소를 순용과 역용으로 나누면서 격국용신을 중심으로 격국을 만드는 것은 자평진전이 체계적인 완성을 하였다고 평가되고 있습니다.

순용이란 재성, 정관, 인성, 식신의 길성을 용신으로 삼는 것이며 길성을 도와 생하거나 설기하며 일간에게 유리하게 운용하는 것을 말하며, 역용이란 칠살, 상관, 겁재, 양인의 흉성을 용신으로 삼는 것이며 흉성을 억제하고 극하여 일간에게 유리하게 운용하는 것을 말합니다.

● 자평진전의 격국론에서도 조후와 억부를 사용합니다.

금수상관희견관이나 목화상관희견수 등의 격국은 조후를 사용한 것이며 월령
이나 상신이 태과불급시에는 억부의 개념을 사용하면서 기세의 균형을 조절하
기도 합니다.

핵심 Tip

월령月令은 계절의 개념입니다.

월령은 계절에서 가장 왕한 오행이며 다스린다는 뜻이 있습니다.

대체로 월령과 월지를 혼동하는 경우가 많습니다.

계절	봄	여름	가을	겨울
월령	木	火	金	水
월지	寅 卯 辰	巳 午 未	申 酉 戌	亥 子 丑

土는 사계절에 모두 속하면서 辰戌丑未월에는 土왕절이기도 합니다.

그러므로 자평진전에서는 잡기라고 합니다.

❷ 억부용신抑扶用神

● 억부용신이란
억부抑扶란 많은 것을 덜어내고 부족한 것을 돕는다는 뜻입니다.
억抑은 설기와 손상으로 많은 것을 덜어내고 깎아내는 것이며
부扶는 같은 오행이나 육신으로 도와주며 방조와 상생하는 것입니다.

● 억부용신은 기세를 조절합니다.
억부용신은 일간을 기준으로 신강 신약을 판별하기도 하지만,
사주전체의 오행과 육신의 세력의 중심점을 찾는 것이기도 합니다.

● 억부용신은 일간중심과 오행중심으로 구분됩니다.

일간중심	인비와 식재관의 기세의 균형을 도모
오행중심	오행간의 기세의 균형을 도모

● 일간중심의 억부용신은 신강 신약이 기준입니다.
일간을 중심으로 인성과 비겁의 세력이 많다면 신강하다고 하며,
식재관의 세력이 많다고 하면 신약하다고 합니다.

신강	비겁 + 인성이 전체 세력의 50% 이상을 차지
신약	식상 + 재성 + 관살이 전체 세력의 50% 이상을 차지

● 오행중심의 억부용신은 오행의 왕쇠강약이 기준입니다.

왕강	기세가 태과한 오행을 설기하거나 억제하여 균형도모
쇠약	기세가 불급한 오행을 도와주어 균형도모

● 기세의 판별은 왕쇠강약이 주된 요소입니다.

왕쇠는 월령의 기를 획득하였는가의 여부로 판별되며 월령의 기를 득하였으면 득령得令이라고 하고 득하지 못하였다면 실령失令이라고 합니다. 강약의 판별은 지지에 세력을 얼마나 가지고 있느냐로 판별합니다. 지지에 방합이나 삼합의 요소가 있다면 세력이 있다고 합니다. 세력이 있으면 득세得勢라고 하며 세력이 없으면 실세失勢라고 합니다.

기氣는 재능이며 세勢는 능력입니다.

● 일간중심의 억부용신에서는 기세의 중심점을 찾는 것입니다.

인비와 식재관의 세력으로 억부용신을 찾기도 하고, 전체 세력의중심점으로 억부용신을 찾기도 합니다.

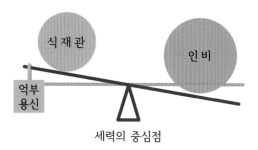

세력의 중심점

인비가 크고 식재관이 작다면 세력의 중심점은 식재관에 두어야 합니다.
그러므로 억부용신은 식재관에서 찾아야 합니다.

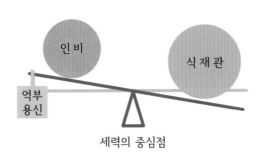

인비가 작고 식재관이 크다면 세력의 중심점은 인비에 두어야 합니다.
그러므로 억부용신은 인비에서 찾아야 합니다

● 오행중심의 억부용신에서는 태과불급의 기세를 조절하는 것이
  억부용신을 찾는 것입니다.

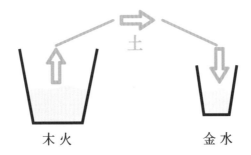

木火의 기세가 태과하고 金水의 기세가 불급하다면 土가 억부용신이 되어 木
火의 기세를 金水의 기세로 흐르게 하여 균형을 도모하고 있습니다. 이때 土가
강하여야 능력을 발휘하게 됩니다. 土가 약하다면 운에서 土金水로 흐르며 강
하게 도와주어야 제 능력을 발휘하는 것입니다.

❸ 전왕용신專旺用神

● 전왕용신은 힘센 자에게 몰아주는 용신입니다.

하나의 오행으로 세력이 대부분이면 나머지 세력을 모두 합쳐도 균형조절이 안됩니다. 이러할 때는 강한 오행 자체를 전왕용신이라고도 합니다. 전왕專旺 이란 오로지 왕하다는 뜻입니다.

일행득기격이나 억부용신의 종화격에 속하기도 하는 것이 전왕용신입니다. 사주팔자가 모두 木기로 이루어져 있다면 전왕하다고 합니다. 이때 전왕용신 은 木이 되는 것입니다.

사주팔자 중 7개가 모두 木기인데 뿌리가 있는 庚金이 하나라도 있다면 木기 를 거스르는 존재가 있기에 전왕하지 못하다고 합니다.

전왕용신을 쓰는 경우 삶의 기복이 클 수 있습니다. 성공하는 경우에는 크게 성공하고, 실패하는 경우에는 크게 실패하는 경향이 많습니다. 성공하였다가 도 인생 밑바닥으로 추락하는 경우도 있고, 인생 밑바닥에서 고생하다가도 갑 자기 크게 성공하는 경우도 있습니다. 롤러코스터를 타는 인생으로 평범한 삶 이 아닌 경우가 대부분입니다.

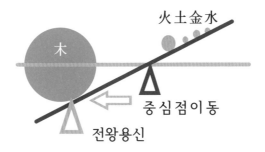

중심점을 약한 쪽에 옮겨도 조절이 안 되는 경우에 약한 쪽을 포기하고 강한 쪽에 중심점을 두어 전왕용신으로 쓰는 것입니다.

④ 통관용신通關用神

● 통관용신은
  세력간의 조절입니다.

양신성상격의 상극의 범주에 속하
기도 하는 것이 통관용신입니다.
木의 세력이 왕강하고 金의 세력
이 왕강하여 두 세력이 비슷하다
면 서로 대립을 하며 경쟁하고 싸
우게 됩니다. 이때 두 세력을 조절하여 주는 것을 통관용신이라고 합니다.

● 통관용신은 다리를 놓아 연결하여 주는 것과 같습니다.

木金 두 세력의 중간에 水기가 있어 금생수金生水 수생목水生木으로 木과 金의
가운데를 연결하여 준다면 둘은 싸우지 아니하고 화해를 하며 유통이 잘 되어
편안하여 집니다. 이때 水로 다리를 놓아 연결하여 통하게 만들어 주므로 통관
용신이라고 합니다.

木과 土가 서로 세력이 비슷하다면 서로 극하며 싸울 것이니 火로 통관하여주
면 木이 火를 생하고 火는 土를 생하여 상생하니 서로 유통 되면서 좋아지는
것입니다.

土와 水가 서로 세력이 비슷하다면 서로 극하며 싸울 것이니 金으로 통관하여
주면 土가 金을 생하고 金은 水를 생하여 상생하니 서로 유통이 되면서 좋아지
는 것입니다.

● 통관용신은 유통시켜주는 것이 최선입니다.

대립세력을 유통시켜주는 역할이 통관용신입니다. 대체로 억부의 용법에서 자주 보는 현상입니다. 때로는 통관하여 유통시키는 것이 삶의 목적이 되기도 합니다.

대립세력	木 = 土	土 = 水	水 = 火	火 = 金	金 = 木
통관용신	火	金	木	土	水

⑤ 병약용신病弱用神

● 병약용신은 명리정종에서 장남이 주장한 이론 입니다.

병약설이란 사주의 병病을 치료하는 약藥을 얻을 때 사주의 균형과 조화를 이루어 부귀하게 된다는 이론으로 명나라明代 장남張楠이 명리정종命理正宗에서 주장하였습니다.

병약용신

● 병약론의 조왕고약은 병이고 이를 극설생조하는 것이 약입니다.

조왕雕旺은 태과된 오행을 다듬지 아니한 옥처럼 거칠고 지나치게 왕하여 다듬을 수 없는 상태가 병이 된 것입니다. 극하거나 설기하여 치료하는 것이 약으로서 억부용신에서 억의 역할에 해당합니다.

고약枯弱은 불급된 오행으로 쇠약한 상태를 말하며 생하거나 도와주는 것이 약이 되지만 지나치게 쇠약하여 싹을 틔우지 못하여 병이 되었을 때는 운에서 도와주어도 성공하기 힘드니 차라리 극하여 없애는 것이 도움이 된다고 합니다. 억부용신에 부의 역할에 해당하며 전왕용신에 해당하기도 합니다.

● 병약용신은 사주에 병이 있을 때 약이 되는 용신입니다.
사주에 병이 되는 오행이 있다면 이를 극제하는 오행이 용신으로 약이 된다는 것입니다. 병에 약을 쓰는 것이니 태과하거나 치우친 사주가 치료되면서 좋아진다는 것입니다.

● 병이 있는 사주가 약으로 치료하면 부귀하게 됩니다.
명리정종의 병약론을 보면 병이 중한데 약을 얻으면 대부대귀하다고 하며, 병이 가벼운데 약을 얻으면 약간의 부귀가 있다고 하며, 병도 없고 약도 없으면 보통사람에 불과하다고 합니다. 격국용신에서는 상신이 약의 역할을 하기도 합니다.
병이 있고 약이 있어야 부귀한 명이라고 합니다.

⑥ 조후용신調候用神

● 조후용신은 일간과 월령을 기준으로 합니다.

일간마다 계절마다 한난조습을 조절하여 사주의 환경을 쾌적하게 만드는 것이 조후용신입니다.

조후용신은 한난조습의 기후를 조절하는 용신입니다.

여름에 태어났으면 火기가 많으니 水기로 조절하여야 하고, 겨울에 태어났으면 水기가 많으니 火기로 조절하여야 한다는 것이 기본원칙입니다.

火기가 많으면 土와 金기로 설기하고 水기로 억제하여야 할 것이며
水기가 많다면 木기로 설기하고 土와 火기로 억제하여야 할 것입니다.

火기가 적다면 土金水기를 설기하여 木기로 도와주어야 하며
水기가 적다면 木火土기를 설기하여 金기로 도와주어야 할 것입니다.
그러므로 조후용신에도 억부가 작용하여 기세의 조절을 하므로 격국용신과 억부용신이 함께 작용한다고 보아야 할 것입니다.

● 격국용신, 억부용신, 전왕용신이 주된 용신입니다.

격국, 억부, 전왕용신은 사주팔자의 용도와 능력을 판별하는 주된 용신이고, 통관과 병약용신 그리고 조후용신은 격국, 억부, 전왕에 포함되어 작용하는 것이 일반적입니다.

04 용신의 활용

기본개념

● 용신의 종류에 따라 활용도가 다릅니다.

용신의 종류	활용도
격국용신	직업의 적성과 그릇의 크기
억부용신	사회적 수행 능력의 크기
전왕용신	극적인 삶의 변화
조후용신	삶의 환경의 변화
통관용신	세력끼리 연결하는 중매 역할
병약용신	병이 있는 육신을 약으로 치료하는 역할

세부학습

● 용신을 어떻게 활용하느냐에 따라 달라집니다.
용신을 찾아놓고도 용신이 무엇에 쓰이는 물건인가를 모르면
용신은 소용이 없는 것입니다. 용신마다 각각의 특성이 있고
쓰임이 있는 것입니다.

용신은 운의 희기만을 말하는 것이 아니며, 각각의 쓰임이 있는 것입니다.

🔷 격국용신格局用神

● 격국용신은 직업과 적성의 요소입니다.

자평진전의 격국론은 삶의 품격을 결정하는 패턴으로 월령 중심의 격국용신이라고 하였습니다. 삶의 품격은 적성과 직업을 결정하는 주요 요소입니다.

甲木일간이 午월에 태어난 것과 申월에 태어난 것은 적성이 다릅니다.
午월생은 상관격이라고 하며 申월생은 칠살격이라고 합니다.

상관격이 상관생재를 하면 자신의 능력으로 재물을 벌어들이는 것이니 장사 수완이 좋다고 할 것입니다.
상관격이 상관패인을 하면 자신의 능력으로 학문을 하는 것이니 새로운 학문 이론을 개발하는 학자로 명예를 높인다고 할 것입니다.

칠살격이 칠살봉인을 하면 사회악을 제거하고자 노력할 것이니 그 분야의 직업으로 헌신 봉사할 것입니다.

칠살격이 살인상생을 하면 사회의 질서를 회복하는 일을 하면서 자신의 명예를 높이고자 하는 직책을 선호할 것입니다.

이처럼 격국용신은 자신의 적성을 나타내지만 각자 그릇의 품질은 다릅니다.
그릇의 품질은 기세가 작용하며 기세의 균형이 무엇보다 중요한 것입니다.
기세의 균형은 품질의 능력을 말합니다.

같은 상관생재격이라고 할지라도 구멍가게의 사장과 기업의 사장은 품질이 다른 것입니다. 기세의 균형은 품질의 능력입니다.

② 억부용신抑扶用神

● 억부용신은 사회적 능력입니다.

기세가 있어야 재능과 능력이 있다고 합니다. 기는 재능이고 세는 능력이라고 하였습니다. 재능이 있어도 능력이 없으면 재능을 펼치기 어려우며 능력이 있어도 재능이 없으면 능력을 펼치기 어려운 것입니다.

머리 좋은 사람이 힘이 없다면 공부는 잘하지만 힘센 자에게 끌려 다니기 쉽고 힘이 세지만 머리가 나쁘다면 머리 좋은 자에게 이용만 당하기 쉽습니다. 머리와 힘이 모두 좋다면 그는 독자적으로 일을 도모할 수 있는 것입니다.

격국용신이 제대로 갖추어졌다고 하여도 격국용신의 품질을 결정하는 것은 억부용신에 있는 것입니다. 그러므로 같은 상관격이라고 하여도 기세에 따라 재능과 능력의 차이가 나는 것입니다.

● 억부용신에는 일간중심과 오행중심이 있습니다.

일간중심의 억부용신은 나와 주변의 기세의 균형조절이고 오행중심의 억부용신은 오행의 기세의 균형조절입니다.

일간중심의 억부용신을 쓸 경우에는 인비와 식재관의 균형조절이므로 약한 쪽에 용신을 두어 균형을 도모하여야 쓸 수 있습니다. 균형이 어그러지면 상대적 결핍감으로 삶의 만족을 이룰 수 없기 때문입니다.

오행중심의 억부용신을 쓸 경우에는 강한 오행을 설기하고 약한 오행을 도와주어 균형을 도모하여야 쓸 수 있습니다. 균형이 어그러지면 역시 상대적 결핍감으로 삶의 만족을 이끌어 낼 수 없는 것입니다.

식상과 재성은 기세가 있어야 식상생재를 할 수 있는 것입니다.
한 쪽이 약하다면 식상생재의 질이 떨어지기 마련입니다.

③ 전왕용신專旺用神

● 전왕용신은 기세가 한 곳으로 몰린 현상입니다.

한 곳으로 기세가 몰린 현상이므로 매우 강하다고 할 수 있습니다. 사주에 木의 기세가 대부분이라면 다른 오행들은 木의 기세에 순종하여야 삶이 편해집니다.

마치 독재자가 모든 권력을 쥐고 있다면 국민은 독재자에게 순종해야 살 수 있는 것과 마찬가지입니다.

木오행이 식상인데 사주에 대부분이 木오행이라면 다른 오행은 木오행에게 순종하여야 합니다. 만약에 뿌리가 있는 金오행이 하나라도 있으면 木오행은 독재자의 권력을 행사하는데 반대세력이 있으므로 전왕용신이라고 할 수 없습니다.

전왕용신은 무소불위의 권력을 행사하므로 일을 성공시키는 기세가 매우 강하여 큰 발전을 할 수 있지만 운을 거스를 수 없는 것이니 운이 도와주지 아니하고 거스른다면 한 순간에 모든 것을 잃어버리는 불상사를 겪을 수 있는 것입니다.

그러므로 전왕용신은 운의 시기를 보고 시작할 시기와 멈추어야 할 시기를 판단하는 것이 무엇보다도 중요한 것입니다.

전왕용신은 매우 뛰어난 능력을 발휘하므로 잘 만 쓰면 커다란 부귀를 성취할 수 있지만 운을 잘못 판단하여 멈추지 못한다면 추락하는 신세를 면치 못하는 것이니 주의해야 하는 용신입니다.

비탈길에서 가속도가 붙은 수레는 멈추기가 어려우므로 미리 속도를 조절하여야 안전하게 내려갈 수 있습니다.

④ 통관용신通關用神

● 통관용신은 두 오행의 대립을 조절하는 것입니다.

사주에 木과 金의 기세가 서로 대립하면서 경쟁적인 삶이 펼쳐지며 서로의 이익을 차지하려고 합니다. 이때 水기가 통관용신으로 작용하여 가운데에서 다리를 놓아 木과 金을 연결시켜준다면 서로의 이익을 공유하며 상생하게 됩니다.

金이 식상이고 木이 관살이라면 자신의 능력으로 사회에 공헌하고 있는 것입니다. 그러나 식상의 기세가 강하고 관살의 기세가 약하다면 교만한 마음이 생기며 사회에 공헌하기 보다는 소유하려는 욕망이 강하게 일어나게 됩니다. 이때 재성이 있다면 식상은 재성을 생하고 재성은 관살을 생하므로 서로 상생하는 역할을 담당하게 되는 것입니다. 즉, 돈도 벌면서 사회에 공헌을 하는 역할을 담당하는 것입니다.

⑤ 병약용신病弱用神

● 병약용신은 병을 치료하는 약이 용신입니다.

격국용신에서 패격의 원인이 되는 육신이 병이라면 이를 치료하여 성격시켜주는 육신이 약이 되며 상신이 되는 것입니다.

식신제살격에서 재성이 나타나면 패격이 됩니다. 재성을 본 식신이 제살을 할 마음이 없고 생재하기 때문이며 재성은 또한 칠살을 생하여 일간을 위협하기 때문입니다. 이때에는 재성이 병이 되는데 이때 비겁이 나타나서 재성을 극제하여 무력화시키고 식신제살을 성격시킨다면 비겁이 약이 되는 것입니다.

통관용신과 병약용신은 격국용신과 억부용신의 범주에 속하므로 자세한 설명은 생략합니다.

⑥ 조후용신調候用神

● **조후용신은 삶의 환경입니다.**
추운 환경에 태어났다면 따뜻한 난방기구가 필요할 것이고,
더운 환경에 태어났다면 시원한 냉방기구가 필요할 것입니다.

사막을 달리는 자동차에 에어컨이 없다면 매우 괴로울 것이고,
북극을 달리는 자동차에 난방이 안 된다면 역시 괴로울 것입니다.

사주팔자에 水가 많아 추운 환경이라면 따뜻한 火오행이 있어야 삶이 편안해
지고, 火가 많아 더운 환경이라면 시원한 水오행이 있어야 삶이 편안해 지는
것입니다.

조후는 추운 환경을 따뜻하게 하는 것이고 더운 환경을 시원하게 하는 것입
니다.

춥거나 더운 환경을 조절하지 못하면 살기 어렵다고 할 수 있습니다. 땀 흘리
며 일하는 것과 시원한 환경에서 일하는 것은 능률이 다릅니다. 역시 추운 환
경에서 웅크리며 일하는 것과 따뜻한 환경에서 편하게 일하는 것도 능률이 다
르게 되어 있습니다.
따라서 조후는 환경의 기온을 조절하는 것으로 환경의 기온이 조절되지 못하
면 삶이 척박해 질 수 밖에 없다는 것입니다.

또한 매우 추운 환경만 있어 조절이 어렵다면 추위에 적응하는 수밖에 없습니
다. 조그만 난로 하나로 견디기 어렵다면 이때는 난로가 오히려 병이 될 수 있
으니 난로를 치워버리고 다른 방법을 강구하여야 할 것입니다. 이때 운에서
여름의 환경이 온다면 에스키모인이 열대 지방에 있는 경우와 마찬가지이니
살기 어려운 것입니다. 매우 더운 환경도 역시 마찬가지입니다.

◆ 용신은 사주패턴의 중심입니다.

● 격국용신은 격국을 구성하는 요소입니다.
  격용신 + 상신
  격용신과 상신은 기세의 균형을 이루어야 부귀한 명이 됩니다.

● 억부용신은 사주의 균형을 만들어 줍니다.
  사주의 균형이 이루어져야 부귀한 명이 됩니다.
  인비대 식재관 또는 오행의 태과불급의 억부작용

● 전왕용신은 권력을 행사하므로 용신을 따라야 부귀한 명이 됩니다.
  운에서 용신을 배반하면 삶의 기복이 심합니다.

● 조후용신은 사주의 기후를 조절하여 줍니다.
  사주의 기후가 조절되어야 삶이 편안합니다.

::: Summary :::

● 용신은 사주팔자의 용도입니다. 사회적 쓰임새이며, 역량이고 삶의 환경입니다.

● 용신의 기세가 있으면 삶이 풍요로울 것이고, 용신의 기세가 없다면 삶이 어렵게 됩니다.

◆ 용신의 왕쇠강약은 기세로 판별합니다.

구분	기준	내용
기氣	왕쇠旺衰	사상의 월령을 중심으로 패턴 형성
		한난조습으로 삶의 환경 조절
세勢	강약强弱	지지의 세력을 중심으로 패턴 형성
		성장과 결핍의 삶의 에너지 조절

● 기세를 조절하는 것이 용신입니다.

◆ 기세는 기운과 세력입니다.

기氣	투출	월령의 계절 기운 - 왕쇠
세勢	통근	지지의 통근 세력 - 강약

◆ 월령은 계절 기운입니다.

계절	봄寅卯辰	여름巳午未	가을申酉戌	겨울亥子丑
월령의 기	木	火	金	水

辰戌丑未월은 계절 기운과 土기를 함께 가지고 있습니다.

◆ 통근은 세력입니다.

천간	甲乙	丙丁戊己	庚辛	壬癸
통근	寅卯辰 亥卯未	巳午未 寅午戌	申酉戌 巳酉丑	亥子丑 申子辰
세력	木	火土	金	水

◆ 용신의 종류

용신의 종류	개 념
격국용신	월령을 중심으로 사주체 형상의 성패
억부용신	태과불급의 기세의 균형 조절
전왕용신	왕강한 세력으로 집중시키는 역할
조후용신	사주체의 계절적 환경 제공
통관용신	세력끼리 연결하는 중매 역할
병약용신	병이 있는 육신을 약으로 치료하는 역할

◆ 신강 신약의 기준

신강	비겁 + 인성이 전체 세력의 50% 이상을 차지
신약	식상 + 재성 + 관살이 전체 세력의 50% 이상을 차지

◆용신의 쓰임새

용신의 종류	활용도
격국용신	직업의 적성과 그릇의 크기
억부용신	사회적 수행 능력의 크기
전왕용신	극적인 삶의 변화
조후용신	삶의 환경의 변화
통관용신	세력끼리 연결하는 중매 역할
병약용신	병이 있는 육신을 약으로 치료하는 역할

제2장
격국용신론

格局用神論

기본개념

◆ 격국용신은 사회적 쓰임새입니다.

● 격국용신은 사주의 그릇을 정하는 것입니다.
사회적 쓰임새인 격국용신을 사주의 그릇이라고 하는 것입니다.
사주그릇의 모양새와 크기, 질에 따라 부귀빈천이 정해집니다.

● 사회적 쓰임새란 적성과 직업을 나타냅니다.

◆ 격용신 + 상신 = 격국용신

격용신	격국용신
월령의 기	월령의 기 + 상신
사회적 적성	사회적 쓰임새

◆ 격국용신은 순용과 역용으로 구분합니다.

순 용	역 용
사길신 순용 4격	사흉신 역용 4격

● 격국용신은 사주의 그릇입니다.

격국은 사주의 모양새이고 사회적 쓰임새이므로 사주의 그릇이라고 합니다. 사주의 그릇은 사회적 활동의 방향을 결정하며 적성과 직업의 요소가 되기도 합니다.

그릇은 용도에 따라 여러 가지로 쓰입니다. 밥그릇, 국그릇 등 식기로 쓰이기도 하고 동전이나 잡다한 물건을 넣어두는 용기로 쓰이기도 합니다. 같은 도자기라고 할지라도 보물이 있는가 하면 장식용품이 있고 술을 담기도 하고 빗물을 담기도 합니다.

그릇의 용도에 따라 사업을 할 패턴인지, 직장생활에 적합한 패턴인지를 구분할 수 있습니다.

사업을 하여야 할 그릇인데도 불구하고 직장생활을 한다면 능률이 오르지 아니하고 스트레스만 쌓일 것입니다. 직장생활을 하여야 할 그릇인데도 불구하고 사업을 하고자 한다면 이익을 내지도 못하고 사업 활동에 어려움을 호소할 것입니다.

사주의 그릇이 크고 품질이 좋아야 큰일을 할 수 있는 것입니다. 사주의 그릇이 작다면 큰일을 맡겨도 제대로 하지 못합니다. 자신의 그릇에 맞게 살아야 무리가 없이 편안하게 살 수 있는 것입니다.

그릇은 크나 품질이 형편없으면 쓰지 못합니다. 그릇이 작아도 품질이 좋아야 가치를 인정받는 것입니다. 그릇도 크고 품질이 좋으면 사회적 쓰임새가 크다고 할 것입니다.

● 격용신은 품격으로 적성을 나타냅니다.

사람에게도 인격이 있는 것이고, 물건에게도 품격이라는 것이 있습니다. 마찬가지로 사주에게도 품격이라는 것이 있습니다. 품격은 격국의 적성으로 그 사람의 사회적 활동을 하는데 쓰이는 용도라고 할 수 있습니다.

● 적성은 팔격입니다.

식신격, 재격, 정관격, 인수격, 칠살격, 상관격, 록겁격, 양인격 등의 팔격을 일반적으로 격용신이라고 부릅니다.

● 격국용신 = 격용신 + 상신

격국용신은 격용신과 상신이 결합한 그릇입니다.

그릇이 있다고 할지라도 어느 용도에 쓰이는가에 따라 쓰임새가 달라질 것입니다. 멋있고 아름다운 그릇은 환대를 받을 것이며 깨지고 쓸모없는 그릇은 홀대를 받을 것입니다. 환대받는 그릇은 가치가 높을 것이며 홀대받는 그릇은 가치가 낮을 것입니다.

● 격국용신은 어느 용도로 쓰이는 그릇인가를 판별해줍니다.

격용신이 사주의 적성이고 용도라면 격국용신은 형상이며 쓰임새입니다. 국그릇인지 밥그릇인지를 결정하여 주는 것이 적성이라면 어느 용도에 쓰이는 그릇임을 판별하여주는 것이 격국용신입니다.

식신격이라고 한다면 식신생재격이 있고 식신제살격이 있는 것이며 각자 쓰이는 용도가 다릅니다. 식신격이 적성이라면 식신생재나 식신제살은 적성의 용도로 격국용신이라고 하는 것입니다.

격국용신은 사주의 쓰임새로서,
품격과 용도를 구분하여 적성과 직업을 만들어 줍니다.

● 격국용신은 사주의 쓰임새입니다.

격용신을 배에 비유한다면 여객선인가 화물선인가를 구분하는 것이 격국용
신입니다. 격국용신의 질이 낮으면 조그마한 어선이나 나룻배에 불과할 것이
지만, 격국용신의 질이 높다면 호화 여객선이나 대형 화물선에 비유할 수 있
을 것입니다.

격용신	격국용신
월령의 기	월령의 기 + 상신
사회적 적성	사회적 쓰임새

● 격용신은 사회적 적성을 말합니다.

격용신은 월령의 기이며 사회적 적성이라고 할 수 있습니다. 적성은 자신의
장점이며 능력이기도 합니다. 적성은 팔격으로 구분합니다.

격용신은 사회적 적성과 능력이며 일간의 적성과 능력이며 직업적 적성이나
능력이기도 합니다. 재격이면 재물에 대한 능력이 있는 것이고 관살격이면 조
직 관리에 대한 능력이 있다고 할 수 있습니다.

● 격용신의 사회적 적성

재격	재물의 유통 및 소유 재산의 관리
관살격	조직의 법과 질서를 유지하고 관리
인수격	학문과 자격 관리, 명예와 직위 관리
식상격	재능과 생산 기능, 영업 관리
록겁격	독립적 기능

◆격용신에 상신이 작용하면 격국용신으로 사회적쓰임새가 됩니다.

격용신	상신	격국용신
정관격	재성, 인성	관봉재인
재격	관성	재왕생관
	식상	재용식상
	인성	재격패인
인수격	칠살	인수용살
	정관	인수용관
	식상	인용식상
	재성	인다용재
식신격	재성	식신생재
	칠살	식신제살
	칠살	기식취살
칠살격	식신	살용식제
	인성	살격용인
	양인	살격봉인
상관격	재성	상관생재
	인성	상관패인
	칠살	상관대살
양인격	칠살	양인로살
	정관	양인로관
록겁격	정관	록겁용관
	칠살	록겁용살
	재성	록겁용재

● **식신격은 기본적인 욕구를 충족시키는 생산활동입니다.**

식욕, 수면욕, 성욕 등의 기본적인 욕구를 충족시키기 위하여 필요한 것을 생산하는 활동입니다. 즉 생존욕구를 충족시키기 위한 것입니다.

식신생재격국이라면 생존에 필요한 것을 연구생산하거나 농사를 짓는 행위 등으로 의식주에 필요한 것을 제조 생산하는 역할을 합니다.

식신제살격국이라면 조직에 참여하여 사회적 질서를 회복하기 위한 법과 규정을 제정하거나 적을 방어하기 위한 무기를 생산하거나 질병을 치료하기 위한 약품을 생산하고 제공하는 역할을 합니다.

● **상관격은 생존을 위한 활발한 영업활동입니다.**

재능과 끼를 발휘하여 창조적인 문화를 만들고 대중의 인기를 얻고자하며 의식주에 필요한 물건을 유통시키기 위한 영업활동을 합니다.

상관생재격은 새로운 제품을 개발하고 획기적인 상품을 대중에게 홍보하고 유통시키는 역할을 합니다.

상관패인격은 학문적, 기능적 재능으로 생존에 필요한 새로운 학문과 기술을 개발하고 사회에 유통시키기 위한 영업활동을 합니다.

● **재격은 영역에 대한 확보와 재물유통의 용도가 있습니다.**

재격은 재물의 소유욕을 나타냅니다. 영역의 확보는 자신의 소유를 나타내는 것입니다. 생존을 위한 생산 활동을 하는 터전이기도 합니다.

재왕생관격은 자신의 영역으로 사회에 공헌을 하고 명예를 추구하며 사회적 지도자가 되고자 합니다. 이는 자신의 영역을 지키기 위한 행위이기도 합니다.

● 정관격은 사회적 제도를 관리하는 것입니다.

정관격은 명예욕을 나타내기도 합니다. 사회적 제도를 관리하기 위한 법과 규정을 제정하는 것은 식상격의 역할이지만 이를 관리하고 행정력을 통하여 집행하는 것은 정관격의 할 일입니다.

정관격은 법과 규정의 범위내에서 소유권을 보호하고 관리하며, 자격과 권한을 인증하고 관리하는 역할을 합니다. 정관격에 재성과 인성이 필요한 이유입니다.

● 칠살격은 사회적 수호의 역할을 합니다.

칠살격도 명예욕을 나타냅니다. 법과 규정을 집행하는 것이 정관이라면 이를 수호하는 것이 칠살의 역할입니다.

칠살격은 법과 규정을 지키지 아니하는 자들을 색출하여 구금하고 사회적 제도의 질서를 유지하기 위한 경찰력이며 국가를 수호하는 군이기도 합니다. 질병이 칠살이라면 의사는 질병을 치료하며 건강을 지키는 수호자의 역할을 하기도 합니다. 그러므로 식상과 인성 그리고 양인이 약으로 필요합니다.

● 양인격은 특수한 기술입니다.

양인격은 반항적인 욕구입니다. 양인격에는 칠살이 반드시 필요한 것은 양인이 반역자의 역할을 하므로 칠살은 양인을 억제하여 해로운 행동을 하지 못하도록 할 수 있기 때문입니다.

양인격은 특수한 기술이 될 수 있으니 잘만 사용한다면 오히려 긴요하게 쓰이기도 합니다. 금고를 열 수 있는 기술을 가진 자가 도둑이 된다면 이를 제어할 경찰이 필요하지만 금고를 제작하고 수리하는 기술자가 된다면 특수기술자로서 사회에 공헌하는 것입니다.

● 인수격은 자격과 권한을 가집니다.

인수격은 지식욕을 나타내기도 합니다. 학문을 통하여 자격을 획득하거나 조직 내에서 지위를 차지한다면 권한을 가지는 것이 됩니다. 인수란 결재권을 뜻하는 것이니 도장이나 사인을 뜻하는 것으로 지위나 권한을 인정받는 것입니다. 지위나 권한은 명예이기도 합니다.

부동산의 소유권을 인정하는 권리증서나 주식이나 유가증권 등도 화폐가치를 인정받는 권리문서로서 인수의 범위에 속합니다.

인수용관격은 조직내에서 직위를 가지고 권한을 행사하는 것이며
인수용재격은 소유에 대한 권리를 나타내며
인수용살격은 사회적 경찰력으로 법을 집행할 수 있는 권한입니다.

● 록겁격은 자신의 힘이며 능력입니다.

록겁격은 독립성입니다. 자신에게 자체적인 힘이 있으므로 운동선수로 활약하는 경우가 많으며 조직에 속하지 아니하고 독립적으로 활동하는 것을 좋아합니다.

록겁격은 잠재능력이 풍부하므로 주위의 도움이 없어도 혼자서 충분히 처리할 수 있는 능력이 있기에 사업가나 자영업자로서의 경쟁적이며 독립적인 활동을 할 수 있는 것입니다.

록겁용재격은 자신의 독립적인 소유영역을 확보하는 것이며
록겁용관격은 자신의 독립적인 조직을 확보하는 것이기도 합니다.

●격국용신을 격국이라고 부릅니다.
●격국 = 격용신 + 상신
●격용신을 격이라고 부르기도 합니다.

◆ 격국용신은 사회적 쓰임새입니다.

시	일	월	년	구분
戊	戊	辛	乙	천간
午	申	巳	丑	지지

巳火 인수격이지만 丙火인수가 투출하지 못하였습니다.
인수격이 투출하지 못하여 미약하므로 포기하고,
세력이 강한 월간의 辛金상관을 사용하게 됩니다.

辛金상관이 년간의 乙木정관을 극하니, 인수의 자격도 얻지 못하고
조직과의 인연이 없으므로 직장생활을 하기 어렵습니다.
격용신의 세력이 미약하면 쓸 수 없으므로,
사주에서 가장 강한 세력을 쓰기 마련입니다.

정관은 조직이므로 상관의 극을 가장 꺼려합니다.
정관의 뿌리가 없다면 쉽게 무너지는 것이니, 조직을 사용할 수 없어
직장생활하기 어렵습니다.
뿌리가 없다는 것은 세력이 없다는 것이며, 세력이 없으면 쓸모가 없고
망상만 가득합니다.

02 격국용신의 특징

❶ 격용신을 정하는 기준

八字用神 專求月令 팔자용신 전구월령

팔자의 용신은 오로지 월령에서만 구합니다.

● 팔자의 용신이란 격용신을 말합니다.

◆ 월령에서 용신을 구하는 순용과 역용의 팔격이 있습니다.

순용	재격, 정관격, 인수격, 식신격
역용	칠살격, 상관격, 록겁격, 양인격

◆ 월령에서 용신을 구하지 못하면 외격 또는 잡격이라고 합니다.

내격	재격, 정관격, 인수격, 식신격, 칠살격, 상관격, 록겁격, 양인격
외격 잡격	합화격, 도충격, 합록격, 정란차격, 형합격, 요합격, 기명종재격, 기명종살격

(1) 격용신의 개념

● 격용신은 오로지 월령에서만 구합니다.

팔자용신 전구월령八字用神 專求月令은 자평진전의 대원칙입니다. 팔자의 격용신은 오로지 월령에서 구하라고 합니다. 월령은 계절의 오행으로 사주를 다스리고자 하는 계절의 뜻이기도 합니다.

● 월령은 계절의 오행입니다.

봄의 월령은 木입니다.

여름의 월령은 火입니다.

가을의 월령은 金입니다.

겨울의 월령은 水입니다.

辰戌丑未월은 계절의 월령과 土의 기운을 함께 가지고 있습니다.

핵심 Tip

● 월령은 사상의 계절 기운입니다.

월령의 기운을 음양으로 나타낸 것이 월지입니다.

봄木월령에 양은 寅이고 음은 卯입니다.

사상	소양	태양	소음	태음
월령	봄木	여름火	가을金	겨울水
월지	寅卯辰	巳午未	申酉戌	亥子丑

辰戌丑未는 土기가 왕한 환절기입니다. 계절인 월령의 지배를 받으면서도 土왕하므로 자평진전에서는 잡기라고 일컫는 것입니다.

● 월령을 음양으로 나누어 육신을 적용한 것이 격용신입니다.

월령	木	火	土	金	水
양	寅	巳	辰戌	申	亥
음	卯	午	丑未	酉	子

지장간 정기를 기준으로 음양으로 구분하며, 인수격과 재격은 음양을 나누지 아니합니다.

◆ 甲木일간

월령	木	火	土	金	水
양	寅	巳	辰戌	申	亥
정기	甲	丙	戊	庚	壬
격	록겁격	식신격	재격	칠살격	인수격
음	卯	午	丑未	酉	子
정기	乙	丁	己	辛	癸
격	양인격	상관격	재격	정관격	인수격

◆ 乙木일간

월령	木	火	土	金	水
양	寅	巳	辰戌	申	亥
정기	甲	丙	戊	庚	壬
격	록겁격	상관격	재격	정관격	인수격
음	卯	午	丑未	酉	子
정기	乙	丁	己	辛	癸
격	록겁격	식신격	재격	칠살격	인수격

◆ 丙火일간

월령	木	火	土	金	水
양	寅	巳	辰戌	申	亥
정기	甲	丙	戊	庚	壬
격	인수격	록겁격	식신격	재격	칠살격
음	卯	午	丑未	酉	子
정기	乙	丁	己	辛	癸
격	인수격	양인격	상관격	재격	정관격

◆ 丁火일간

월령	木	火	土	金	水
양	寅	巳	辰戌	申	亥
정기	甲	丙	戊	庚	壬
격	인수격	록겁격	상관격	재격	정관격
음	卯	午	丑未	酉	子
정기	乙	丁	己	辛	癸
격	인수격	록겁격	식신격	재격	칠살격

◆ 戊土일간

월령	木	火	土	金	水
양	寅	巳	辰戌	申	亥
정기	甲	丙	戊	庚	壬
격	칠살격	인수격	록겁격	식신격	재격
음	卯	午	丑未	酉	子
정기	乙	己	己	辛	癸
격	정관격	양인격	록겁격	상관격	재격

◆ 己土일간

월령	木	火	土	金	水
양	寅	巳	辰戌	申	亥
정기	甲	丙	戊	庚	壬
격	정관격	인수격	록겁격	상관격	재격
음	卯	午	丑未	酉	子
정기	乙	丁	己	辛	癸
격	칠살격	인수격	록겁격	식신격	재격

◆ 庚金일간

월령	木	火	土	金	水
양	寅	巳	辰戌	申	亥
정기	甲	丙	戊	庚	壬
격	재격	칠살격	인수격	록겁격	식신격
음	卯	午	丑未	酉	子
정기	乙	丁	己	辛	癸
격	재격	정관격	인수격	양인격	상관격

◆ 辛金일간

월령	木	火	土	金	水
양	寅	巳	辰戌	申	亥
정기	甲	丙	戊	庚	壬
격	재격	정관격	인수격	록겁격	상관격
음	卯	午	丑未	酉	子
정기	乙	丁	己	辛	癸
격	재격	칠살격	인수격	록겁격	식신격

◆ 壬水일간

월령	木	火	土	金	水
양	寅	巳	辰戌	申	亥
정기	甲	丙	戊	庚	壬
격	식신격	재격	칠살격	인수격	록겁격
음	卯	午	丑未	酉	子
정기	乙	丁	己	辛	癸
격	상관격	재격	정관격	인수격	양인격

◆ 癸水일간

월령	木	火	土	金	水
양	寅	巳	辰戌	申	亥
정기	甲	丙	戊	庚	壬
격	상관격	재격	정관격	인수격	록겁격
음	卯	午	丑未	酉	子
정기	乙	丁	己	辛	癸
격	식신격	재격	칠살격	인수격	록겁격

참고 Tip

● 양인격은 양일간에만 있으며, 甲丙戊庚壬의 양일간의 겁재월이 양인격이 됩니다.

일간	甲	丙	戊	庚	壬
월지	卯	午	午	酉	子
정기	乙	丁	己	辛	癸

戊土는 午중 己土가 겁재이므로 午火가 양인이 됩니다.

(2) 순용順用과 역용逆用

● 사길신은 순용하고, 사흉신은 역용하며, 순용은 상생이고 역용은 극제하는 것입니다.

사길신 四吉神	순용	재격, 정관격, 인수격, 식신격
사흉신 四凶神	역용	칠살격, 상관격, 록겁격, 양인격

● 사길신이란 일간에게 길신 역할을 하는 육신을 말하며, 길신은 선善하기에 순용합니다.

재성	식신의 상생을 기뻐함	정관을 생하여 보호받음
정관	재성의 상생을 기뻐함	인성을 생하여 보호받음
인성	관살의 상생을 기뻐함	비겁를 생하여 보호받음
식신	비겁의 상생을 기뻐함	재성을 생하여 보호받음

● 사흉신이란 일간에게 흉신 역할을 하는 육신을 말하며, 흉신은 악惡하기에 역용합니다.

칠살	식신의 제복을 기뻐함	재성과 인성의 도움을 꺼리며 인성으로 화함
상관	인성의 제복을 기뻐함	재성으로 화함
록겁	관살의 제복을 기뻐함	인성의 도움을 꺼리며 식상으로 화함
양인	관살의 제복을 기뻐함	인성의 도움을 꺼리며 식상으로 재성을 생함

●재격과 인수격은 정편으로 나누지 아니합니다.

비겁, 식상, 관살은 음양으로 나뉘며 생극제화 작용을 하지만, 재성과 인성은 음양을 나누지 아니하고 그대로 사용합니다.

정재나 편재는 모두 일간이 극하는 대상이므로 정편재로 나누지 아니하여도 무리가 없기에 그대로 사용합니다.

정인이나 편인 모두 일간을 생하는 육신이므로 정편인으로 나누지 아니하여도 무리가 없기에 그대로 사용합니다. 이는 자평진전에서만 통용되는 것으로 적천수나 다른 고서에서는 편재, 정재, 편인, 정인으로 나누어 격국을 정하고 있습니다.

용어 Tip

상생相生	상생은 도와주는 것입니다. 식신생재 - 재성이 식신의 생조를 기뻐합니다.
보호保護	보호는 상생하여 보호를 받는 것입니다. 재생관 - 재성은 비겁으로부터 극을 받는 것을 두려워하므로 관성을 생하여 관성으로 하여금 비겁을 제복하여 비겁으로부터 보호를 받게 됩니다.
제복制伏	제복은 상대를 굴복시키는 것입니다. 식신제살 - 칠살이 일간을 위협하면 식신이 칠살을 제복하여 일간을 보호합니다.
인화引化	인화는 상대를 내편으로 끌어들이는 것입니다. 칠살화인七煞化印 - 칠살이 일간을 위협하면 인성이 칠살을 인성으로 끌어들여 인성으로 화하니 일간이 안전해집니다.

(3) 내격과 외격

● 내격은 순용 4격과 역용 4격을 말합니다.

사길신 순용 4격	재격, 정관격, 인수격, 식신격
사흉신 역용 4격	칠살격, 상관격, 록겁격, 양인격

● 내격은 월령의 격용신으로 격국을 성립시키는 것입니다.

월령의 격용신으로 격국이 성립된다면 이를 내격이라고 합니다. 월령의 격용신으로 격국이 성립되지 아니한다면 내격의 범주에서 벗어나게 됩니다.

내격은 월령의 격용신이 격국을 감당할 수 있을 경우에 성립이 되는 것입니다. 그러므로 월령의 격용신이 격국을 감당하기 어렵다면 내격이 성립되기 어려우며 외격을 취하거나 격을 포기하고 다른 격을 취하기도 합니다. => 종기격, 종세격, 기식취살격, 기재용살격 등

● 외격은 월령의 범위를 벗어난 것입니다.

월령이 감당하기 어려운 격국은 외격으로 향합니다. 사주의 전체 세력이 월령의 범위를 벗어난다면 내격으로 격국을 성립하기 어렵게 됩니다.

사주의 전체 세력이 강하여 월령이 이를 감당하기 어렵다면 내격으로 성격되기 어려우므로 외격으로 격국을 이루는데 이러할 때는 사주팔자에서 가장 강한 세력으로 격국을 이루는 것입니다.

사주에서 가장 강한 세력이 격국이 되는 경우는 일행득기격이나 종화격이 있으며 전왕용신을 사용하거나 통관용신을 사용하거나 또는 합록격, 형합격, 정란차격, 공협격 등 형충합으로 격국을 만들게 됩니다.

❷ 격국의 성립

◆ 격국은 격용신과 상신으로 이루어집니다.

격용신	월지의 정기가 격용신이며, 월지에서 투출한 천간이 격용신을 대표
상신	격용신을 보좌하여 격국을 성립시키는 육신

◆ 격국은 성격과 패격의 형태를 갖습니다.

성격 成格	격국이 모습을 제대로 갖춘 것
패격 敗格	격국이 깨지거나 일그러진 것

◆ 성격과 패격의 변화

성중유패成中有敗	성격이 되었는데 병이 있어 패격이 되는 경우
패중유성敗中有成	패격이 되었는데 약이 있어 성격이 되는 경우

• 병약용신이 함께 작용하는 경우입니다.

(1) 격국의 명칭

● 격국의 명칭은 육신으로 부릅니다.

월지의 정기를 격용신이라고 하며, 월지에서 투출한 천간이
격용신을 대표하게 됩니다.

격용신	월지의 정기가 격용신이며, 월지에서 투출한 천간이 격용신을 대표

● 예를 들어 甲木일간이 여름에 태어나 여름火가 월령인데
巳월에 태어났다면 정기 丙火를 식신격이라고 합니다.
午월에 태어났다면 정기 丁火를 상관격이라고 합니다.
巳월에는 식신격이 격용신이지만 丙火식신이 투출하지 못하고
庚金칠살이 투출하였다면 칠살격이 격용신을 대표하게 됩니다.
戊土재성이 투출하였다면 재격이 격용신을 대표하게 됩니다.

○ 甲 ○ ○ ○ ○ 巳 ○ 戊 庚 丙	○ 甲 ○ ○ ○ ○ 午 ○ 丙 己 丁	○ 甲 ○ 庚 ○ ○ 巳 ○ 戊 庚 丙	○ 甲 ○ 戊 ○ ○ 巳 ○ 戊 庚 丙
丙火식신격	丁火상관격	庚金칠살격	戊土재격

격용신을 대표함은 주주가 여러 명인데 그중 대표이사를 주식회사의 대표로
인정하는 것과 같습니다.

● 격국의 명칭을 부르는 법

식신생재의 격용신은 식신격이고 재성을 상신으로 격국이 구성됩니다.
상관패인의 격용신은 상관격이고 인성을 상신으로 격국이 구성됩니다.
식신제살의 격용신은 식신격이고 칠살을 상신으로 격국이 구성됩니다.
인수용관의 격용신은 인수격이고 정관을 상신으로 격국이 구성됩니다.
재왕생관의 격용신은 재격이고 정관을 상신으로 격국이 구성됩니다.

격국의 명칭은 격용신을 먼저 부르고 상신을 부릅니다.

격용신 + 상신 = 격국

식신격 + 재성 = 식신생재격
상관격 + 인성 = 상관패인격
식신격 + 칠살 = 식신제살격
인수격 + 정관 = 인수용관격
재　격 + 정관 = 재왕생관격

◆ 격국명칭의 잘못된 표현

격국	격용신	상신	잘못된 표현
정관패인	정관	인성	관인쌍전, 인수용관
재용식신	재성	식신	식신생재
인용식신	편인	식신	식신봉효, 효신탈식
살격용인	칠살	인성	살인상생, 인수봉살
살격봉인	칠살	양인	칠살제인, 양인로살

(2) 격용신格用神

◆ 월지에서 투출한 육신을 격용신이라고 합니다.

시	일	월	년	구분
	庚	甲		천간
		寅		지지

월령은 봄의 계절이므로 木이 됩니다. 월지 寅木의 정기에서 甲木편재가 투출하여 재격이 격용신이 됩니다.(寅 지장간-戊丙甲)

시	일	월	년	구분
	庚		丁	천간
		午		지지

월령은 여름의 계절이므로 火가 됩니다. 월지 午火의 정기에서 丁火정관이 투출하여 정관격이 격용신이 됩니다. (午 지장간-丙己丁)

시	일	월	년	구분
	庚		乙	천간
		辰		지지

월령은 봄의 계절이므로 木이며 토왕절이므로 土가 겸합니다. 월지 辰土의 여기 乙木정재가 투출하여 재격이 격용신이지만, 土왕절이므로 木과 土의 기가 섞이어 잡기재격이라고 합니다.(辰 지장간-乙癸戊)

시	일	월	년	구분
	庚			천간
		酉		지지

월령은 가을의 계절이므로 金이 됩니다. 월지 酉金은 양인격으로 천간에 투출과 관계없이 월지 자체인 양인격을 격용신으로 합니다.

(3) 격용신用神의 강약

◆ 지장간의 배분 일수에 따라 격용신의 강약이 달라집니다.

구분	寅	卯	辰	巳	午	未	申	酉	戌	亥	子	丑
여기	戊 7	甲 10	乙 9	戊 7	丙 10	丁 9	戊 7	庚 10	辛 9	戊 7	壬 10	癸 9
중기	丙 7		癸 3	庚 7	己 9	乙 3	壬 7		丁 3	甲 7		辛 3
정기	甲 16	乙 20	戊 18	丙 16	丁 11	己 18	庚 16	辛 20	戊 18	壬 16	癸 20	己 18

寅木에서 정기 甲木이 16일의 배분 일수를 가지므로 가장 강합니다.
卯木에서 정기 乙木이 20일의 배분 일수를 가지므로 가장 강합니다.
辰土에서 정기 戊土가 18일의 배분 일수를 가지므로 가장 강합니다.

● 지장간의 배분일수를 월률분야月律分野라고 합니다.
월률분야의 이론은 삼명통회와 연해자평에 수록되어 있으나
각자가 약간의 차이가 있어 어느 것이 정확하다고 할 수 없습니다.

현대 명리의 실제 통변에서는 대체로 위의 지장간 배분일수를 적용하고
있는 경우가 대부분입니다.

寅申巳亥는 여기와 중기가 각각 7일이며 정기가 16일입니다.
子卯酉는 여기가 10일이고 정기가 20일이며,
午火는 여기가 10일 중기가 9일 정기가 11일로 나누어지는
특징이 있습니다.

辰戌丑未는 여기가 9일이며 중기가 3일 정기가 18일입니다.

◆ 寅申巳亥 월지에서 투출한 정기 격용신은 16/30의 힘이 있습니다.

시	일	월	년	구분
			甲	천간
		寅		지지

월지 寅木에서 투출한 정기 甲木이 16/30의 힘을 가진 격용신이 되는 것입니다. (寅 지장간-戊丙甲)

시	일	월	년	구분
			庚	천간
		申		지지

월지 申金에서 투출한 정기 庚金이 16/30의 힘을 가진 격용신이 되는 것입니다. (申 지장간 - 戊壬庚)

시	일	월	년	구분
			丙	천간
		巳		지지

월지 巳火에서 투출한 정기 丙火가 16/30의 힘을 가진 격용신이 되는 것입니다. (巳 지장간 - 戊庚丙)

시	일	월	년	구분
			壬	천간
		亥		지지

월지 亥水에서 투출한 정기 壬水가 16/30의 힘을 가진 격용신이 되는 것입니다. (亥 지장간 - 戊甲壬)

◆ 寅申巳亥 월지에서 투출한 중기 격용신은 7/30의 힘이 있습니다.

시	일	월	년	구분
			丙	천간
		寅		지지

월지 寅木에서 투출한 중기 丙火가 7/30의 힘을 가진 격용신이 되는 것입니다.
(寅 지장간-戊丙甲)

시	일	월	년	구분
			壬	천간
		申		지지

월지 申金에서 투출한 중기 壬水가 7/30의 힘을 가진 격용신이 되는 것입니다.
(申 지장간 - 戊壬庚)

시	일	월	년	구분
			庚	천간
		巳		지지

월지 巳火에서 투출한 중기 庚金이 7/30의 힘을 가진 격용신이 되는 것입니다.
(巳 지장간 - 戊庚丙)

시	일	월	년	구분
			甲	천간
		亥		지지

월지 亥水에서 투출한 중기 甲木이 7/30의 힘을 가진 격용신이 되는 것입니다.
(亥 지장간 - 戊甲壬)

◆ 寅申巳亥 월지에서 투출한 여기 격용신은 7/30의 힘이 있습니다.

시	일	월	년	구분
			戊	천간
		寅		지지

월지 寅木에서 투출한 여기 戊土가 7/30의 힘을 가진 격용신이 되는 것입니다.
(寅 지장간-戊丙甲)

시	일	월	년	구분
			戊	천간
		申		지지

월지 申金에서 투출한 여기 戊土가 7/30의 힘을 가진 격용신이 되는 것입니다.
(申 지장간 - 戊壬庚)

시	일	월	년	구분
			戊	천간
		巳		지지

월지 巳火에서 투출한 여기 戊土가 7/30의 힘을 가진 격용신이 되는 것입니다.
(巳 지장간 - 戊庚丙)

시	일	월	년	구분
			戊	천간
		亥		지지

월지 亥水에서 투출한 여기 戊土가 7/30의 힘을 가진 격용신이 되는 것입니다.
(亥 지장간 - 戊甲壬)

◆ 子午卯酉 월지에서 투출한 정기 격용신은 20/30의 힘이 있습니다.

시	일	월	년	구분
			癸	천간
		子		지지

월지 子水에서 투출한 정기 癸水는 20/30의 힘을 가진 격용신이 되는 것입니다. (子 지장간 - 壬 癸)

시	일	월	년	구분
己			丁	천간
		午		지지

월지 午火에서 투출한 정기 丁火는 11/30의 힘을 가진 격용신이 되며, 중기 己土가 9/30의 힘을 갖는 것이 특징입니다. (午 지장간-丙己丁)

시	일	월	년	구분
			乙	천간
		卯		지지

월지 卯木에서 투출한 정기 乙木이 20/30의 힘을 가진 격용신이 되는 것입니다. (卯 지장간 - 甲 乙)

시	일	월	년	구분
			辛	천간
		酉		지지

월지 酉金에서 투출한 정기 辛金이 20/30의 힘을 가진 격용신이 되는 것입니다. (酉 지장간 - 庚 辛)

◆ 子午卯酉 월지에서 투출한 여기 격용신은 10/30의 힘이 있습니다.

시	일	월	년	구분
			壬	천간
		子		지지

월지 子水에서 투출한 여기 壬水는 10/30의 힘을 가진 격용신이 되는 것입니다. (子 지장간 - 壬 癸)

시	일	월	년	구분
			丙	천간
		午		지지

월지 午火에서 투출한 여기 丙火는 10/30의 힘을 가진 격용신이 되는 것입니다. (午 지장간-丙己丁)

시	일	월	년	구분
			甲	천간
		卯		지지

월지 卯木에서 투출한 여기 甲木이 10/30의 힘을 가진 격용신이 되는 것입니다. (卯 지장간 - 甲 乙)

시	일	월	년	구분
			庚	천간
		酉		지지

월지 酉金에서 투출한 여기 庚金이 10/30의 힘을 가진 격용신이 되는 것입니다. (酉 지장간 - 庚 辛)

◆ 辰戌丑未 월지에서 투출한 정기 격용신은 18/30의 힘이 있습니다.

시	일	월	년	구분
			戊	천간
		辰		지지

월지 辰土에서 투출한 정기 戊土는 18/30의 힘을 가진 격용신이 되는 것입니다. (辰 지장간 - 乙癸戊)

시	일	월	년	구분
			戊	천간
		戌		지지

월지 戌土에서 투출한 정기 戊土는 18/30의 힘을 가진 격용신이 되는 것입니다. (戌 지장간 - 辛丁戊)

시	일	월	년	구분
			己	천간
		丑		지지

월지 丑土에서 투출한 정기 己土는 18/30의 힘을 가진 격용신이 되는 것입니다. (丑 지장간 - 癸辛己)

시	일	월	년	구분
			己	천간
		未		지지

월지 未土에서 투출한 정기 己土는 18/30의 힘을 가진 격용신이 되는 것입니다. (未 지장간 - 丁乙己)

◆ 辰戌丑未 월지에서 투출한 여기 격용신은 9/30의 힘이 있습니다.

시	일	월	년	구분
			乙	천간
		辰		지지

월지 辰土에서 투출한 여기 乙木은 9/30의 힘을 가진 격용신이 되는 것입니다.
(辰 지장간 - 乙癸戊)

시	일	월	년	구분
			辛	천간
		戌		지지

월지 戌土에서 투출한 여기 辛金은 9/30의 힘을 가진 격용신이 되는 것입니다.
(戌 지장간 - 辛丁戊)

시	일	월	년	구분
			癸	천간
		丑		지지

월지 丑土에서 투출한 여기 癸水는 9/30의 힘을 가진 격용신이 되는 것입니다.
(丑 지장간 - 癸辛己)

시	일	월	년	구분
			丁	천간
		未		지지

월지 未土에서 투출한 여기 丁火는 9/30의 힘을 가진 격용신이 되는 것입니다.
(未 지장간 - 丁乙己)

◆ 辰戌丑未 월지에서 투출한 중기 격용신은 3/30의 힘이 있습니다.

시	일	월	년	구분
			癸	천간
		辰		지지

월지 辰土에서 투출한 중기 癸水는 3/30의 힘을 가진 격용신이 되는 것입니다.
(辰 지장간 - 乙癸戊)

시	일	월	년	구분
			丁	천간
		戌		지지

월지 戌土에서 투출한 중기 丁火는 3/30의 힘을 가진 격용신이 되는 것입니다.
(戌 지장간 - 辛丁戊)

시	일	월	년	구분
			辛	천간
		丑		지지

월지 丑土에서 투출한 중기 辛金은 3/30의 힘을 가진 격용신이 되는 것입니다.
(丑 지장간 - 癸辛己)

시	일	월	년	구분
			乙	천간
		未		지지

월지 未土에서 투출한 중기 乙木은 3/30의 힘을 가진 격용신이 되는 것입니다.
(未 지장간 - 丁乙己)

(4) 상신相神

● 상신은 격용신을 도와 격국을 성립하게 합니다.

1) 식신생재격국

시	일	월	년	구분
壬	庚		甲	천간
		亥		지지

시간에 있는 壬水는 亥水의 **정기로 식신격이 되며 甲木재성이 용신을 도와
식신생재격국으로** 성격이 됩니다.
壬水식신이 격용신이며 甲木재성을 상신이라고 합니다.

2) 식신제살격국

시	일	월	년	구분
丙	庚		壬	천간
		亥		지지

년간에 있는 壬水는 亥水의 정기로 식신격이 되며 丙火칠살이 용신을 도와
식신제살격국으로 성격이 됩니다.
壬水식신이 격용신이며 丙火칠살을 상신이라고 합니다.

3) 상관패인격

시	일	월	년	구분
壬	辛	己	丙	천간
		亥		지지

시간에 있는 壬水는 亥水의 정기로 상관격인데 상관격에 丙火정관이 투출하
면 병이 되어 패격이 됩니다. 그러나 己土인성이 있어 일간을 도우며 상관을
제어하고 정관을 보호한다면 己土인성이 약이 되어 상관패인격으로 성격이
됩니다. 壬水상관이 격용신이며 己土인수를 상신이라고 합니다.

(5) 성격成格과 패격敗格

● 성격은 격국이 성립된 것입니다.
격용신과 상신이 결합하여 완성된 격국을 만들었다면 이를 성격되었다고 합니다. 성격이 되었다는 것은 격국이라는 틀이나 그릇이 제대로 만들어졌다는 것입니다.

● 패격은 격국이 성립되지 아니한 것입니다.
격용신이 제 역할을 하지 못하거나 상신을 제대로 찾지 못하여 격국을 이루기 어렵다면 패격敗格 또는 파격破格되었다고 합니다. 파격이 되었다는 것은 격국이라는 틀이나 그릇이 실패하였거나 깨지고 일그러졌다는 것입니다. 패격의 원인이 되는 육신을 병이라고 합니다.

● 격용신에 따라 좋아하는 것과 싫어하는 것이 있습니다.
정관격은 재성과 인성을 매우 좋아합니다. 재성과 인성이 서로 같이 있으면서도 극이 되지 않게 배치가 된다면 매우 이상적인 모습이 될 것입니다. 격국의 질이 좋아집니다.
칠살격은 재성의 생함을 매우 꺼립니다. 칠살이란 일간을 공격하는 육신이므로 재성이 생하여 더욱 강해진다면 병이 악화되는 것입니다. 이때는 양인이나 비겁으로 재성을 극제하여 치료해야 하는 것입니다.
식신격은 편인을 매우 싫어하지만, 편인으로 구성된 인수격은 식신으로 설기함을 매우 좋아합니다. 그러므로 사주구조에 따라 희기와 길흉이 다릅니다.

용어 Tip

패격敗格은 격국의 성립이 실패하였다는 것이고
파격破格은 격국이 깨지거나 일그러졌다는 것입니다.
일반적으로 패격과 파격은 같은 뜻으로 쓰입니다.

◆ 성격의 유형

격용신	성격유형	성격의 조건
정관격	관봉재인	형 충 파 해가 없어야 성격
재 격	재왕생관	재생관으로 재성을 보호하는 경우
	재용식상	신강하거나 비겁이 식상을 생하는 경우
	재격패인	재성과 인성이 서로 극하지 않을 때
인수격	인수용살	인성이 약하고 칠살을 만난 경우
	인수용관	인성과 관살이 서로 세력이 비슷한 경우
	인용식상	일간과 인성이 왕하므로 식상으로 설기
	인다용재	인성이 많고 재성의 뿌리가 있을 때
식신격	식신생재	일간이 비겁으로 신강할 경우
	식신제살	재성이 없을 때
	기식취살	인성이 투출하여 식신을 버리고 칠살을 취함
칠살격	살용식제	일간이 비겁으로 신강할 때
	살격용인	일간이 신약할 때
	살격봉인	양인이 사주에 있을 때
상관격	상관생재	일간이 비겁으로 신강할 경우
	상관패인	일간이 약하고 인성의 뿌리가 있을 경우
	상관대살	일간이 약하고 인성이 있거나 재성이 없을 때
양인격	양인로살 양인로관	재성과 인성이 드러나고 상관이 없을 경우
록겁격	록겁용관	관성이 재성과 인성을 만날 경우
	록겁용살	칠살을 식신으로 제복할 경우
	록겁용재	재성이 식상을 만날 경우

◆ 패격의 유형

격용신	패격의 조건
정관격	상관이 있어 정관을 극제할 경우, 형 충을 받을 경우.
재 격	재성이 약한데 비겁이 많아 재성을 탈취당하는 경우. 칠살을 생하게 되어 일간에게 해가 되는 경우.
인수격	인수가 약한데 재성이 있어 인수를 극하는 경우. 일간이 신강하고 인성도 강한데 칠살이 있어 인성과 일간을 무겁게 하는 경우.
식신격	편인을 만나 효신탈식이 되는 경우, 재성과 칠살이 모두 있어 칠살을 강하게 하는 경우
칠살격	재성이 칠살을 생하여 강하게 하는데 식신이 없어 칠살을 제복하지 못하여 일간을 해롭게 하는 경우
상관격	정관이 있어 상관에게 극제 당하는 경우. 금수상관은 오히려 정관을 기뻐하니 예외로 함. 상관생재하는데 칠살을 생하여 칠살을 강하게 만들어 일간을 해롭게 하는 경우. 상관패인은 상관이 강하고 일간이 신약할 때 유용한데, 일간이 신왕하고 상관이 약한 경우에는 오히려 격국이 일그러지게 됨.
양인격	관살로 제복하여야 하나 관살이 없는 경우
록겁격	재관이 반드시 필요하나 없을 경우, 칠살과 인성이 투출한 경우에는 비겁이 더욱 강해짐.

(6) 성중유패成中有敗

성중유패란 격국이 성격되었는데 사주나 운에서 병이 들어 격국을 파격시키는 경우입니다.

격용신	성중유패의 경우
정관격	재성을 만나 정관용재격으로 성격이 되었는데 상관이 들어서며 정관을 극제하거나 정관을 합하는 경우
재 격	정관을 생하여 재왕생관격으로 성격이 되었는데 상관이 들어오며 정관을 극제하거나 정관을 합하는 경우
식신격	칠살과 인성이 있어 식신용살인격으로 성격이 되었는데. 재성이 들어오며 칠살을 생하고 인성을 파괴하는 경우
인수격	식신이 있어 인수용식격으로 성격이 되었는데 재성이 들어오며 인성을 극제하는 경우, 칠살이 투출하여 인수용살격으로 성격이 되었는데 재성이 들어오며 인성을 제거하고 칠살만 남는 경우
칠살격	식신이 있어 칠살용식격으로 성격이 되었는데 인수가 들어오며 식신을 극제하는 경우
상관격	재성이 있어 상관생재격으로 성격이 되었는데 재성이 합거되는 경우, 인수가 있어 상관패인격으로 성격이 되었는데 재성이 들어오며 인성이 파괴된 경우
양인격	정관이 있어 양인로관격으로 성격이 되었는데 상관이 들어오며 정관을 파괴하는 경우, 칠살이 있어 양인로살격으로 성격이 되었는데 칠살이 합거되는 경우
록겁격	정관이 있어 록겁용관격으로 성격이 되었는데 상관이 들어오며 정관을 파괴하는 경우, 재성이 있어 록겁용재격인데 칠살이 들어오며 재생살이 되는 경우

(7) 패중유성敗中有成

패중유성이란 격국이 병이 들어 파격이 되었는데 사주나 운에서 약을 구하여 다시 성격시키는 것입니다. 약을 써서 성격시켜 구하여 주는 것을 구응救應 이라고 합니다.

격용신	패중유성의 경우
정관격	정관이 상관을 만나 파격인데 인수가 들어오며 상관을 제압하는 경우, 관살이 혼잡되어 탁한데 합살하여 관성이 맑아지는 경우, 형충을 회합으로 해소하는 경우
재 격	겁재를 만나 파격인데 식신이 들어오며 겁재를 화하거나 정관이 들어오며 겁재를 제압하는 경우, 칠살을 만나 파격인데 식신이 들어오며 제살하거나 합거하는 경우
식신격	편인을 만나 파격인데 칠살이 들어오며 기식취살로 성격되는 경우, 재성으로 편인을 파괴하여 식신을 보호하는 경우
인수격	재성으로 인하여 파격인데 겁재가 들어오며 재성을 제압하거나 합거하여 인수가 남는 경우
칠살격	식신으로 칠살용식격이 성격되나 인수가 들어오며 식신을 파괴하여 파격인데 재성으로 인수를 제거하는 경우
상관격	재성이 있어 상관생재하는데 칠살이 들어오며 파격이 되었으나 칠살이 합거되어 다시 성격되는 경우
양인격	관살을 용하여 성격되었는데 식상이 관살을 극하여 파격인데 인수가 들어오며 식상을 극제하여 관살을 보호하는 경우
록겁격	정관으로 성격되었는데 상관이 정관을 파괴하여 파격인데 상관이 합거되는 경우, 재성으로 성격되었는데 칠살이 들어오며 파격인데 칠살이 합거되는 경우

⊙ 성격과 패격
성격이란 격용신과 상신이 조화가 된 경우이고
패격이란 격용신과 상신이 조화가 깨진 경우입니다.

● 사주팔자에서 성격이 된 경우, 패격의 요인이 없으므로 성격이
된 경우입니다. ➡ 대운에서 패격의 요인이 있으면 해당 대운 기간에 패격
이 됩니다.

● 사주팔자에서 패격이 된 경우, 패격의 요인이 있으므로 패격이 된 경우입
니다. ➡ 대운에서 성격의 요인이 있으면 해당 대운 기간에 성격이 됩니다.

시	일	월	년	구분
庚	丙	甲	乙	천간
寅	申	申	未	지지

申월 정기 庚金이 투출하여 재격입니다.
재격은 일간이 강하여야 성격이 되어 부귀가 보장됩니다.

甲乙木 인성이 일간을 도우니 성격이 됩니다.
격용신 庚金재성과 상신 甲木인성이 조화가 되어 부귀하여진 증참정의
명조입니다.

3 격용신의 변화

기본개념

● 격용신이 변화하는 경우

월지에서 월령의 오행인 정기가 투출하지 못하면 기세가 없는 것으로 대표역할을 하기 어려우므로 천간에 투출한 여기나 중기에서 격용신을 삼아 대표역할을 하게 합니다. 그러나 여기나 중기는 힘이 미약하므로 천간에서 극제나 합거를 당하면 월지에 있는 정기가 격용신이 됩니다.

월지의 지장간에서 투출하지 못하고 지지의 회합으로 인하여 만들어진 오행이 있다면 월지를 포기하고 격용신으로 삼기도 합니다.

● 대운에 의하여 격국이 변화하는 경우

대운에 의하여 성격과 패격의 구성으로 격국이 변화합니다.

세부학습

(1) 격용신의 변화

월령이 봄木인데 甲乙木이 투출하지 못하고 丙火가 투출하였다면 丙火를 월령을 대표하는 격용신으로 채용하게 됩니다.

월령이 寅木에 있을지라도 甲木이 천간에 투출하지 않고 丙火가 투출하면, 이는 바로 군수가 부임하지 않고 군의 국장이 군수의 권한을 대행하는 것과 같다. 그러므로 용신의 변화가 생겨나는 것이다.

- 자평진전 용신변화론

◆ 월지의 지장간에서 투출한 격용신은 월령을 대표합니다.

월령		봄木			여름火			가을金			겨울水		
월지		寅	卯	辰	巳	午	未	申	酉	戌	亥	子	丑
지장간	여기	戊	甲	乙	戊	丙	丁	戊	庚	辛	戊	壬	癸
	중기	丙		癸	庚	己	乙	壬		丁	甲		辛
	정기	甲	乙	戊	丙	丁	己	庚	辛	戊	壬	癸	己

격용신은 정기를 대표로 하여 정하는 것이 일반적이지만 정기가 투출하지 못하고 여기나 중기가 투출하였다면 투출한 여기나 중기를 격용신으로 월령을 대표하기도 합니다. 이를 격용신이 변화하였다고 합니다.

시	일	월	년	구분
	甲	壬		천간
		申		지지

월령은 가을의 계절이므로 金이 됩니다.
申金의 정기는 庚金칠살이므로 칠살격인데 庚金이 투출하지 못하고 壬水인성이 투출하였다면, 칠살격에서 인수격으로 격용신이 변화되었다고 합니다.

시	일	월	년	구분
	甲	壬	丁	천간
		申		지지

壬水인성이 투출하여 격용신을 대표하고 있는데 丁火가 丁壬합으로 무력화시키면 다시 칠살격으로 돌아가게 됩니다.

(2) 지지에 의한 격용신의 변화

◆ 월지가 회합으로 인하여 격용신이 변화하는 경우가 있습니다.

시	일	월	년	구분
	丁			천간
未	卯	亥		지지

월지 亥水는 壬水 정기로 정관격인데 지지 亥卯未가 합하여 木인수국이 되므로 정관격에서 인수격으로 격용신이 변화한 것입니다.

시	일	월	년	구분
	壬			천간
	戌	寅	午	지지

월지 寅은 甲木 정기로 식신격인데 지지 寅午戌이 합하여 火재국이 되므로 식신격에서 재격으로 격용신이 변화한 것입니다.

◆ 격용신이 순용에서 역용으로 변화하는 경우입니다.

시	일	월	년	구분
	丙			천간
	戌	寅	午	지지

월지 寅은 甲木 정기로 인수격인데 寅午戌이 합하여 火국이 되므로 순용의 인수격에서 역용의 록겁격으로 격용신이 변화하는 경우입니다.

시	일	월	년	구분
	丙	壬		천간
		申		지지

월지 申은 庚金 정기로 재격인데 壬水가 투출하여 순용의 재격에서 역용의 칠살격으로 격용신이 변화하는 경우입니다.

시	일	월	년	구분
	丙			천간
	子	申	辰	지지

申월 정기는 庚金 재격인데 申子辰이 합하여 水칠살국이 되므로 순용 재격에
서 역용 칠살격으로 격용신이 변화하는 경우입니다.

시	일	월	년	구분
戊	癸		甲	천간
		亥		지지

亥월 정기 壬水가 투출하지 못하고 중기인 甲木상관이 투출하여 상관격으로
변화하였는데 戊土정관이 시간에 있어 상관견관이 되어 패격이 된 경우입니다.
상관견관傷官見官이란 상관이 정관을 보면 정관을 극하여 상하게 한다는
것으로 정관을 귀한 것으로 보는 격국에서는 매우 꺼립니다.

◆ 격용신이 역용에서 순용으로 변화하는 경우입니다.

시	일	월	년	구분
	壬		辛	천간
		戌		지지

월지 戌중 정기인 戊土칠살이 투출하지 아니하고 여기인 辛金인성이 투출하
여 역용의 칠살격에서 순용의 인수격으로 격용신이 변화하는 경우입니다.

시	일	월	년	구분
	甲	戊		천간
		寅		지지

甲木에게 寅월은 록겁격이 되는데 여기인 戊土재성이 투출하였으니 재격이
되어 순용으로 변화된 경우입니다.

시	일	월	년	구분
	甲	戊		천간
	戌	寅	午	지지

甲木에게 寅월은 록겁격이 되는데 여기인 戊土재성이 투출하고 지지에서는 寅午戌 火식상국이 되어 자체로 식상생재격으로 성격되어 순용으로 변화된 경우입니다.

시	일	월	년	구분
	癸	丙		천간
戌		寅	午	지지

월지 寅은 정기 甲木상관으로 상관격인데 甲木이 투출하지 아니하고 중기인 丙火재성이 투출하였는데 지지에서도 寅午戌이 합하여 火재국이 되므로 역용의 상관격에서 순용의 재격으로 격용신이 변화한 경우입니다.

(3) 변화해도 변하지 않는 격용신

시	일	월	년	구분
	丙	甲		천간
	戌	寅	午	지지

월지 寅중 정기인 甲木인수가 투출하여 인수격인데 지지에 寅午戌이 합하여 火록겁국이 되어도 정기가 투출한 甲木은 인수격을 격용신으로 그대로 유지되므로 변하여도 변하지 않게 됩니다. 단지 寅午戌은 일간의 지지 세력이 되겠습니다.

지지가 회합을 하여도 월령과 뜻이 같거나, 월령의 본기가 투출하면 격용신은 변화하지 아니합니다.

시	일	월	년	구분
	乙	戊	壬	천간
		申		지지

월지 申金의 정기 庚金으로 정관격인데 중기인 壬水인성이 투출하여 인수격으
로 변화하지만 戊土재성이 투출하여 인수를 극제하고 申中 庚金정관을 생하니
인수격에서 정관격으로 다시 변화하므로 변화해도 변하지 않는 격용신이라고
하는 것입니다.

시	일	월	년	구분
	壬		甲	천간
	戌	寅	午	지지

월지 寅木에서 정기 甲木이 투출하여 식신격인데 지지에서 寅午戌 火재국이
있어 자체로 식신생재격국이 되므로 지지에서 寅木이 火재국으로 합하여도
식신격은 그대로 유지되므로 변하여도 변하지 않는 격용신이라고 하는 것입
니다.

시	일	월	년	구분
	丙		壬	천간
	戌	寅	午	지지

월지 寅木의 정기 甲木으로 인수격인데 지지에서 寅午戌 火국으로 합하여 록
겁격이 되나 이때 壬水칠살이 년간에 있어 火국이 제압되어 역할을 하지 못하
므로 월지 寅木의 정기를 취용하여 인수격이 그대로 유지되므로 변하여도 변
하지 않는 격용신이라고 하는 것입니다.

시	일	월	년	구분
戊	丙	壬		천간
		申		지지

월지 申金의 정기 庚金으로 재격인데 壬水칠살이 투출하여 칠살격으로 변합
니다. 戊土식신이 투출하여 壬水칠살을 제압하고 庚金재성을 생하므로 재격
으로 부귀를 잃지 않는다고 합니다. 칠살격으로 변하여도 본래의 재격의 격국
을 유지하는 경우입니다.

◆ 월지에서 정기와 중기 또는 여기가 동시에 투출한다면 본래의 격용신
이 대행하는 격용신과 겸하게 된다하여 겸격이라고 합니다.

시	일	월	년	구분
	辛	丙	甲	천간
		寅		지지

월지 寅木에서 정기 甲木재성이 투출하고 월간에 丙火정관도 투출하여 정재
격이 정관격을 겸한다고 합니다. 이를 겸격이라고 합니다.

시	일	월	년	구분
戊	乙	壬		천간
		申		지지

월지 申金의 정기 庚金으로 정관격인데 월지의 중기에서 壬水인수가 투출하
여 인수격으로 변화하지만 시간에 戊土정재가 투출하여 庚金정관을 생하고
壬水인수를 극하므로 정관격으로 성격되며 인수격을 겸하게 됩니다.

(4) 격용신의 겸격으로 인한 순잡

시	일	월	년	구분
	辛	丙	甲	천간
		寅		지지

월지 寅木에서 정기 甲木재성과 丙火정관이 모두 투출하여 정재격이 정관격을 겸하면서 재생관으로 상생하므로 순하다고 합니다.

시	일	월	년	구분
壬	戊	庚		천간
		申		지지

월지 申金에서 庚金식신과 壬水재성이 모두 투출하여 식신격이 재격을 겸하면서 식신생재격으로 성격하니 순하다고 합니다.

시	일	월	년	구분
乙	癸	己		천간
		未		지지

월지 未土에서 己土칠살과 乙木식신이 모두 투출하여 칠살격이 식신격을 겸하면서 칠살용식격으로 성격시키니 순하다고 합니다.

시	일	월	년	구분
乙	壬	己		천간
		未		지지

월지 未土에서 己土정관과 乙木상관이 모두 투출하여 정관격이 상관격을 겸하지만 상관견관이 되어 정관을 상하므로 잡하다고 합니다.

순하다고 하는 것은 상생하며 서로를 도와주는 것이고
잡하다고 하는 것은 서로 극제를 하며 방해를 하는 것입니다.

(5) 대운에 의한 격용신의 변화

시	일	월	년	구분
	丁		壬	천간
		辰		지지

丁火일간이 辰월에 나서 壬水정관이 투출하였는데 대운에서 申子를 만나면 대운에서 壬水의 뿌리를 만나고 申子辰 합이 되므로 정관격이 완전히 성격되었다고 합니다.

시	일	월	년	구분
	丁			천간
		辰	子	지지

丁火일간이 辰월에 나서 지지에 子辰 水국으로 관살격이 되는데 대운에서 壬癸水를 만난 경우에 대운에 의하여 관살격이 성격되었다고 합니다.

시	일	월	년	구분
	丁		壬	천간
		辰		지지

丁火일간이 辰월에 나고 壬水정관이 투출하여 정관격이 되는데 대운에서 戊土를 만나면 壬水정관을 극제하고 상관격으로 복귀합니다.

시	일	월	년	구분
	壬		己	천간
		亥		지지

壬水일간이 亥월에 나고 己土정관이 투출하면 록겁용관격인데 대운에서 卯나 未가 와서 亥卯未 木식상국을 이루면 상관견관이 되므로 록겁용관격이 깨지고 파격이 됩니다.

시	일	월	년	구분
己	壬		丁	천간
	午	戌		지지

壬水일간이 戌월에 나고 丁火재성이나 己土정관이 투출하고, 지지에 午戌 火
재국을 이루면 재왕생관격인데 대운에서 戊土칠살이 오면 재생살이 되므로
파격이 됩니다.

시	일	월	년	구분
	丁	甲	壬	천간
		辰		지지

丁火일간이 辰월에 나고 투출한 壬水정관을 용신으로 삼고 있는데 대운에서
戊土상관이 와서 壬水정관을 위협하지만 월간에 甲木이 있어 戊土상관이 壬水
정관을 극제하지 못하므로 壬水정관은 안전하게 보호를 받아 정관격이 유지
됩니다.

시	일	월	년	구분
庚	壬		己	천간
		亥		지지

壬水일간이 亥월에 나고 己土정관이 투출하여 록겁용관격인데 대운에서 卯未
를 만나 亥卯未 木국 상관을 이루게 되면 상관견관이 되어 파격이 되지만 시간
에 庚金인성이 있으므로 상관을 견제하여 己土정관을 안전하게 보호하므로
정관격이 유지됩니다.

대운에서 오는 천간과 지지는 사주에 있는 것과 마찬가지로
격국용신에 영향을 미치게 되며 성격과 패격의 변화를 가져 옵니다.

⊙ 대운에 의한 성격과 패격

● 사주팔자에서 성격이 된 경우
  패격의 요인이 없으므로 성격이 된 경우입니다.
  ➡ 대운에서 패격의 요인이 있으면, 해당 대운 기간에 패격이 됩니다.

● 사주팔자에서 패격이 된 경우
  패격의 요인이 있으므로 패격이 된 경우입니다.
  ➡ 대운에서 성격의 요인이 있으면 해당 대운 기간에 성격이 됩니다.

시	일	월	년	구분
庚	丙	甲	乙	천간
寅	申	申	未	지지

申월에서 庚金재성이 투출하여 재격입니다.
甲木인성이 투출하여 재격투인격입니다.

庚辰대운에 상신 甲木을 극하여 파격이나, 乙木이 庚金을 합하여 甲木을
보호하므로 성격입니다.

丁丑대운에 격용신 庚金을 丁火가 극하니 파격이 되므로 명예와 재산이
모두 허망하게 됩니다.

④ 격국의 고저高低

● 격국의 고저는 격국의 질을 가늠해줍니다.

높은 격국	낮은 격국
일간, 격용신, 상신의 세력 균등	일간, 격용신, 상신의 세력 불균등
일간, 격용신, 상신의 유정	일간, 격용신, 상신의 무정
일간, 격용신, 상신의 유력	일간, 격용신, 상신의 무력

일간, 격용신, 상신의 세력이 균등하면, 삼자개비三者皆備 또는
삼자개균三者皆均이라고 합니다.

높은 격국은 부귀 장수하고 복이 많으며, 낮은 격국은 빈천 단명하고
재난과 고통이 많다고 합니다.
삼자개비가 되고 유정, 유력하면 격국의 질이 높아지며,
균형이 깨지면 격국의 질이 낮아집니다.
유정은 뜻이 일치한다는 것이고 유력은 힘이 있다는 것입니다.
일간이 사주체의 대통령이라면, 격용신은 사주체의 국무총리이고
상신은 사주체의 장관입니다.

(1) 일간과 격용신과 상신의 관계

일간과 격용신과 상신이 모두 좋아야 사주체가 건강한 것입니다.
일간과 격용신 그리고 상신이 모두 뿌리가 깊고 세력이 있으면 유력
하다고 하는 것이며 서로가 상생하며 뜻이 일치하면 유정한 것입니다.

삼자가 모두 구비되고 갖추었다면 부귀장수하다고 합니다.
일간과 격용신 그리고 상신이 모두 유력하고 유정함을 갖추었다면 삼자개비
또는 삼자개균 되었다고 합니다. 삼자개비와 삼자개균은 서로 뜻이 일치하고
힘이 있으니 부귀장수는 당연하다고 하는 것입니다.

힘의 균형이 깨지거나 기울면 파격의 원인이 됩니다.
일간과 격용신 그리고 상신의 힘의 균형이 깨지면 파격의 원인이 됩니다.
대통령인 일간의 힘이 없으면 권력의 구도에 문제가 생길 것이고 국무총리인
격용신의 힘이 없으면 내각을 제대로 통제하기 어려우며 장관인 상신의 힘이
없으면 국정을 수행하기 어려운 것과 마찬가지입니다.

용어 Tip

일간 = 격용신 = 상신

삼자개비三者皆備 일간과 격용신 그리고 상신이 모두 유정과 유력이 구비
되었다는 뜻입니다.

삼자개균三者皆均은 일간과 격용신 그리고 상신이 모두 유정과 유력이 균
형을 이루었다고 하는 뜻입니다.

(2) 유정有情

● 서로 뜻이 맞는 것을 유정이라고 합니다.

격국을 성격시키려는데 이를 방해하는 글자가 있다면 뜻이 일치하지 않아 병이 되는 것이므로 상신이 약이 되어 극제하거나 합거하여 무력화 시킨다면 상신의 역할이 유정하다고 하는 것입니다.

시	일	월	년	구분
壬	甲	丁	辛	천간
		酉		지지

월지酉金에서 辛金정관이 투출하였으나 월간에 丁火상관이 극을 하고 있어 파격입니다. 그러나 시간에 壬水편인이 丁火상관을 합거하니 辛金정관이 안전하게 되어 정관패인격으로 성격시킵니다.

壬水편인으로 인하여 성격되었으므로 壬水편인이 상신이며 丁火상관을 합거하고 辛金정관을 살렸으니 뜻이 일치하여 유정하다고 합니다.

시	일	월	년	구분
戊	甲	庚	乙	천간
		辰		지지

월지辰土에서 戊土편재가 투출하였으나 乙木겁재와 庚金칠살로 인하여 파격인데 乙庚합으로 戊土재성이 안전하여 재격으로 성격됩니다.

재격에 乙木겁재는 불리하지만 庚金칠살을 합거하여 일간을 보호하여주니 오히려 상신의 역할로 뜻이 일치하므로 유정하다고 합니다.

뜻이 일치하다는 유정은 격국을 성격시키도록 서로 도와주는 것 입니다. 격국을 방해하는 요소를 극제하거나 합거하는 것도 역시 유정하다고 합니다.

시	일	월	년	구분
癸	甲			천간
	子	辰	申	지지

辰월에서 癸水인성이 투출하고 지지에서 子申을 만나서 水국을 이루니 인수
격이 완성되어 성격됩니다. 월지에서 투출한 癸水인성이 지지의 회합으로 유
정하다고 합니다.

시	일	월	년	구분
乙	丙		癸	천간
		辰		지지

辰월에서 癸水정관이 투출하였는데 다시 乙木인수까지 투출하면 정관격과 인수
격이 상생하게 됩니다. 乙癸가 나란히 투출하여 서로 도와 유정하다고 합니다.

시	일	월	년	구분
	甲	己	辛	천간
巳		丑	酉	지지

월지丑土에서 辛金정관이 투출하고 또 지지에서 巳酉와 회국하여 金국을
이루는데 또 己土재성이 투출하여 정관을 생하고 있습니다.
丑土월지에서 두 개의 천간이 투출하고 지지에서 회합하여 격국이 성격이 되
었으니 유정하다고 합니다.

辰戌丑未의 월지의 여기나 중기가 투출하여 서로 돕거나 월지의 삼합으로
도와준다면 이를 유정하다고 합니다.

(3) 유력有力

일간과 용신 그리고 상신이 모두 힘이 있다면 유력하다고 합니다.
이를 삼자개비三者皆備 또는 삼자개균三者皆均이라고 합니다.

시	일	월	년	구분
辛	乙	丁	甲	천간
巳	未	酉	寅	지지

월지 酉金에서 辛金칠살이 투출하여 격용신이 칠살격입니다.
丁火식신이 강한 지지의 세력으로 칠살을 제살하여 칠살용식격의 격국을 성
격시키므로 丁火식신이 상신입니다. 일간 乙木은 힘이 약하지만 甲木겁재가
일간을 도와주고 있으므로 약하지 않습니다. 일간과 격용신 그리고 상신이 모
두 힘이 있으므로 삼자가 모두 구비되어 유력하므로 지극히 귀하다고 합니다.
실제 甲寅년에는 癸酉월이지만 월간 丁火는 설명을 위한 것입니다.

시	일	월	년	구분
庚	丙	甲	癸	천간
寅	午	子	酉	지지

월지 子水에서 癸水정관이 투출하여 격용신이 정관격입니다. 庚金재성은 酉金
의 뿌리로 癸水를 생하여 재생관의 격국을 성격시키므로 庚金재성이 상신입
니다. 일간은 寅午에 앉아 있어 신강합니다.
일간과 격용신 그리고 상신이 모두 힘이 있으므로 삼자가 모두 구비되어 유력
하므로 지극히 귀하다고 합니다.

일간은 신강하여야 격국을 다스릴 수 있으며, 용신과 상신은 힘이 있어야 격
국의 역할을 제대로 할 수 있습니다.

(4) 유정과 유력을 겸한 경우

유정한데 뿌리가 깊다면 유정과 유력을 겸하였다고 합니다.

시	일	월	년	구분
壬	甲	丁	辛	천간
申	辰	酉	巳	지지

월지 酉金에서 辛金정관이 투출하여 격용신이 정관격입니다.
丁火상관이 정관격을 극제하여 파격인데 시간 壬水인성이 丁火를 합거하여 정관
격으로 살아나며 정관용인격으로 성격됩니다. 壬水인성으로 인하여 상관이 제
거되고 정관격을 인화하여 일간을 도와 성격되었으므로 유정한데 지지 申辰으
로 인하여 상신인 壬水인성의 뿌리가 깊으니 유정과 유력을 겸하였다고 합니다.

(5) 무정과 무력을 겸한 경우

세력의 균형이 깨지고 한쪽으로 치우치는 것을 무정하다고 합니다.
일간이나 용신 그리고 상신이 뿌리가 없다면 무력하다고 합니다.

시	일	월	년	구분
	乙	辛	壬	천간
	卯	亥		지지

亥월에서 壬水인수가 투출하여 격용신이 인수격이 됩니다. 辛金칠살은 뿌리
가 없어 무력하므로 인수에게 의지하게 됩니다. 지지에서 亥卯 木국으로 일간
의 힘이 강합니다. 乙木일간이 亥卯목국으로 신강하고 인수도 강한데 칠살마
저 인수에게 의지한다면 노력하지 않고 고독하고 빈궁하게 됩니다. 칠살의 뿌
리가 없어 무력하고 한쪽으로 힘이 쏠리니 무정하다고 합니다.

시	일	월	년	구분
甲	甲	壬	庚	천간
子	辰	午		지지

午월에서 천간에 투출하지 못하였으므로 월지 午火가 격용신으로 상관격이
됩니다. 이른바 목화상관이라고 하며 목화상관은 水인성을 반기므로 壬水인
성이 반갑기만 합니다. 상관패인격이라고 하며 본래 총명한 귀격입니다.

그러나 월지에서 상관丁火가 투출하지 못하여 무력하고 壬水편인은 子辰으로
매우 강하므로 삼자개비가 되지 못하므로 귀하지도 못하고 총명하지도 못하
여 인성이 무정하다고 합니다.

시	일	월	년	구분
庚	甲	丙	丙	천간
午	午	申	申	지지

申월에서 庚金칠살이 투출하여 격용신이 칠살격입니다. 丙火식신이 투출하여
칠살용식격으로 성격이 됩니다. 하지만 일간이 뿌리도 없어 무력하여 식신의
강한 제살을 도울 수 없으므로 무력하여 요절하였다고 합니다.

시	일	월	년	구분
	乙	甲	戊	천간
	卯	寅	子	지지

寅월에 태어난 乙木일간이 甲木겁재도 있어 강한데 戊土재성은 寅월에 통근
하여도 뿌리가 약하므로 무력하다고 하며 군겁쟁재로 견디기 어려운 사주입
니다. 신강하고 비겁이 많은데 재성이 무력한 것은 요절하거나 빈곤하게 되니
이를 무력하다고 하며 격이 낮아서 쓸모가 없다고 합니다.

시	일	월	년	구분
癸	甲	丁	辛	천간
		酉		지지

酉월에서 辛金정관이 투출하여 정관격이 격용신이 됩니다.

정관격은 丁火상관을 만나면 파격인데 癸水인성이 丁火상관을 극제하여
정관을 보호하므로 정관용인격으로 성격이 됩니다.

그러나 壬水로 丁火를 합거하는 것만 못하다고 하여 무정하다고 합니다.
극제보다는 합거가 유정하다고 하는 것입니다.

(6) 유정과 무정을 겸하는 경우

시	일	월	년	구분
	甲	壬	丙	천간
		辰		지지

辰월에 통근한 壬水인성이 있어 인수격을 격용신으로 하지만 세력이 없어 매
우 미약합니다. 인수격은 본래 식신丙火로 설기되어 일간을 수려하게 함을 좋
아하므로 유정하여 성격이 된 것처럼 보이지만, 식신丙火는 辰중 戊土를 생하
여 壬水인수격을 극제하니 인수격이 맑지 못하여 무정하게 되는 경우입니다.

시	일	월	년	구분
	甲	壬	丙	천간
	申	辰	子	지지

그러나 지지에서 申과 子로 水회국을 이루어 壬水를 도와준다면 丙火가 辰중
戊土를 생하지 못하므로 인수격이 성격되어 유정하게 됩니다.

시	일	월	년	구분
	甲		壬	천간
		辰	戌	지지

辰월에 통근한 壬水인성으로 격용신을 삼는데 지지에서 辰戌충이 된다면 土가 동요하여 무정하게 되니 인수격을 이루기 어려운 것 입니다. 이러한 것들이 유정하면서 무정하게 되는 경우이니 부자는 될 수 있어도 귀하지는 못한다고 합니다.

시	일	월	년	구분
	癸		戊	천간
申		辰	子	지지

辰월에서 戊土정관이 투출하여 정관격이 격용신이 됩니다.
그러나 지지에서 申子辰 水국을 이루면 록겁용관격이 됩니다. 비록 土水가 상극하여 무정하다고 하지만 水국으로 인하여 성격이 되었으니 오히려 유정하다고 합니다.

시	일	월	년	구분
壬	丙	戊		천간
		辰		지지

辰월에서 戊土식신이 투출하여 식신격이 격용신이 됩니다.
壬水칠살이 시간에 투출하여 식신제살격으로 성격됩니다. 비록 土水가 상극이 되어 무정하지만 성격이 되므로 유정하다고 하며 귀하게 되는 경우입니다.

⊙ 기세의 균등은 격국을 유력하게 만듭니다.

● 비겁이 강하고 재성이 강하면 부격이라고 합니다.
비겁이 재성을 감당할 수 있어야 하는 것입니다.
비겁이 재성을 감당하지 못하면 재다신약이라고 합니다.
비겁이 너무 강하고 재성이 약하면 군비쟁재라고 합니다.

● 비겁이 강하고 관살이 강하면 귀격이라고 합니다.
비겁이 관살을 감당할 수 있어야 하는 것입니다.
비겁이 관살을 감당하지 못하면 살중신경이라고 합니다.
비겁이 너무 강하고 관살이 약하면 신중살경이라고 합니다.

⊙ 기세의 태과불급은 격국을 무력하게 만듭니다.

● 태과불급은 결핍증상을 가져오므로 약해집니다.
재성의 태과불급은 격국의 결핍증상을 가져옵니다.
관살의 태과불급은 격국의 결핍증상을 가져옵니다.
결핍증상은 영양결핍과 같아 무력해집니다.

● 결핍증상은 운에서 도와주어야 회생할 수 있습니다.
격용신이나 상신의 태과불급은 운에서 도와주어야 겨우 회생할 수 있는
것입니다. 그러나 운에서 도와주어도 회생하기 어렵다면 오히려 더욱 더
큰 상실감으로 어려움을 겪는 것입니다.

5 순용 4격의 성패

(1) 정관격正官格

기본개념

◆ 일간과 음양이 다른 정관격 월지에 의하여 결정

일간	甲	乙	丙	丁	戊	己	庚	辛	壬	癸
월지	酉	申	子	亥	卯	寅	午	巳	丑 未	辰 戌
정관 격용신	辛	庚	癸	壬	乙	甲	丁	丙	己	戊

◆ 성격과 패격의 유형

성격	관봉재인	재성과 인성을 만나는 것을 가장 좋아하며 형 · 충 · 파 · 해가 없어야 성격
패격		상관이 있어 정관을 극제하거나 형충을 받을 경우
성중유패		재성을 만나 정관용재격으로 성격이 되나 사주에 상관이 있어 정관을 극제하거나 정관이 합이 되는 경우
패중유성		정관이 상관을 만나 파격인데 인수가 있어 상관을 제압하거나, 관살이 혼잡되었는데 합살하여 관성이 맑아지는 경우, 형충을 회합으로 해소하는 경우 등

● **일간은 정관격의 피지배자입니다.**
극하는 것은 소유하는 것이니 일간이 정관의 소유가 되는 것입니다. 그러므로 일간은 정관의 피지배자가 되는 것입니다. 정관이란 조직에 속하므로 정관이 정한 법과 규칙에 따르고 순종하여야 하는 것입니다.

정관은 학생시절에는 공부하는 학교나 가정이 되기도 하고, 청년시절에는 일하는 직장이 되기도 하고, 장년에는 가정의 가장으로서의 역할이 지대하기도 하며, 노년에는 내가 의지하는 가정이 되기도 합니다.

● **정관은 형충파해를 매우 꺼립니다.**
정관은 국가이며 가정이므로 존귀함을 형충 당한다면 하극상이 되어 아래에서 위를 범하는 것이 되니 극히 꺼리면서 파격의 원인이 되기도 합니다.

● **정관은 재성과 인성이 생하여 주는 것을 무척 좋아합니다.**
재성은 정관을 생하여 강하게 만들어 주고, 인성은 식상을 극제하여 정관을 보호하여 주니 좋아한다는 것입니다. 인성은 일간의 명예이므로 조직에서 승진을 통하여 명예가 향상되는 것을 좋아하는 것입니다.

● **인성보다는 재성을 단독으로 쓰는 것이 좋다고 합니다.**
인성이 능히 정관을 보호한다고 하나, 인성은 역시 정관을 설기하여 힘을 빼는 것이고 재성은 정관을 생하여 힘을 보태주는 것이기 때문에 정관의 입장에서는 재성이 생하는 것을 좋아합니다.

고관무보孤官無補란 정관이 외롭고 고독한 처지라는 것입니다.
재성이 돕지 아니하고 인성의 보호가 없음을 말합니다.

◆ 재성과 인성이 서로 도우면 크게 귀한 것입니다.

시	일	월	년	구분
戊	乙	壬	甲	천간
寅	巳	申	申	지지

申월은 정기인 庚金으로 격용신은 정관격이지만 중기 壬水인성이 투출하여 인수격으로 화하지만 戊土재성이 투출하여 정관격을 돕고 있다고 합니다.

戊土재성은 甲木겁재가 있어 壬水인성을 쉽사리 극제하지 못하므로 戊土재성과 壬水인성의 도움을 받는 정관격으로 크게 귀하여진 설상공의 명조입니다.

시	일	월	년	구분
庚	丁	丁	乙	천간
戌	未	亥	卯	지지

亥월은 정기인 壬水로 격용신은 정관격이지만 지지에서 亥卯未 木국에서 乙木인성이 투출하여 인수격으로 화합니다. 木국 인수격이 너무 강하므로 庚金재성을 상신으로 하여 성격이 됩니다.

庚金재성은 강한 인수격을 억제하는 상신의 역할로 인다용재격으로 성격되어 부귀하게 된 김장원의 명조입니다.

◆ 정관격의 성중유패

시	일	월	년	구분
乙	戊	丁	壬	천간
卯	申	未	戌	지지

未월에서 丁火인성과 乙木정관이 투출하여 겸격입니다. 壬水재성은 乙木정관을 도와야 하는데 壬水재성과 丁火인성이 합거되니 乙木정관은 홀로 고관무보가 되어 낮은 벼슬로 고독하게 지냈다고 합니다.

◆ 상관을 만나 패격인데 인수가 있으면 격국이 맑아집니다.

시	일	월	년	구분
辛	壬	辛	己	천간
亥	寅	未	卯	지지

未월중 己土정관이 투출하여 격용신이 정관격인데 지지에 亥卯未 木국 상관
이 있어 상관견관이 되므로 패격입니다.

하지만 두 개의 辛金인성이 상신이 되어 상관국을 극제하고 정관을 보호하여
정관용인격으로 다시 성격되므로 사주가 맑아져서 귀하여진 선참국의 명조
입니다.

◆ 칠살이 혼잡되어도 귀하고 맑아지는 경우가 있습니다.

시	일	월	년	구분
戊	甲	乙	庚	천간
辰	子	酉	寅	지지

酉월중 辛金정관이 정기이므로 격용신이 정관격이지만 庚金칠살이 투출하여
관살이 혼잡되어 격국이 탁하다고 합니다.

乙木겁재가 乙庚합하여 庚金칠살을 합거하고 합살류관이 되니 정관용재격이
맑아졌다고 합니다. 이참정의 명조입니다.

시	일	월	년	구분
丙	己	丁	壬	천간
寅	巳	寅	丑	지지

寅월에서 丙丁火인성이 투출하여 인수격이 혼잡되어 탁하다고 합니다. 壬水
재성이 丁火인성을 합거하여 인수격이 맑아져서 부귀하여진 범태부의 명조라
고 합니다.

◉ 정관격

● 사주팔자에서 성격이 되는 경우
재성과 인성이 정관을 도우면 성격이 되었다고 합니다.
비겁이 강하면 재성이 돕는 것을 좋아하고,
비겁이 약하면 인성으로 화하는 것을 좋아합니다.

● 사주팔자에서 패격이 되는 경우
식상이 정관을 극제하면 패격이라고 합니다.
운에서 인성이나 재성이 온다면 다시 성격됩니다.

시	일	월	년	구분
癸	丙	壬	壬	천간
巳	寅	子	辰	지지

子월에서 子辰합이 되고 癸水정관과 壬水칠살이 모두 투출하여 관살혼잡
을 이루고 있어 탁하므로 파격입니다.

하지만 운이 木火로 흐르며 일간을 도와 흐름을 좋게 만들어주니 귀하게
된 명조입니다.

(2) 재격財格

◆ 월지 재성에 의하나 정편재로 나누지 아니합니다.

일간	甲	乙	丙	丁	戊	己	庚	辛	壬	癸
월지	丑　未 辰　戌		申　酉		亥　子		寅　卯		巳　午	
재성 격용신	戊　己		庚　辛		壬　癸		甲　乙		丙　丁	

◆ 성격과 패격의 유형

성격	재왕생관	재성이 관성을 생하여 왕하게 되는 경우
	재용식상	신강하거나 비겁이 식상을 생하는 경우
	재격패인	재성과 인성이 서로 극하지 않을 때
패격		재성이 약한데 비겁이 많아 재성을 탈취당하는 경우, 재성이 칠살을 생하게 되어 일간에게 해가 되는 경우
성중유패		정관을 생하여 재왕생관격으로 성격이 되었는데 상관이 들어오며 정관을 극제하거나 정관을 합하는 경우, 재용식상에서 인성이 들어와 식상을 파괴하는 경우, 재격패인에서 관살을 만나는 경우 등
패중유성		겁재를 만나 파격인데 식신으로 겁재를 화하거나 정관으로 겁재를 제압하는 경우, 칠살이 들어오며 파격인데 식신으로 제살하거나 합거하는 경우 등

● 재성은 내가 극하여 소유하는 것이고 사용하는 것입니다.

극하는 것은 소유하는 것이니 일간의 소유가 되는 것입니다. 일간의 재물이기도 하고, 직원이기도 하고, 사업체이기도 하고, 가게이기도 하고, 집이기도 하고, 자동차이기도 합니다.

재성은 학생시절에는 재능이 되기도 하고, 청년시절에는 일하는 능력이 되기도 하고, 장년에는 왕성한 활동을 하는 능력이 되기도 하며, 노년에는 노후생활에 필요한 재물이기도 합니다. 또한 재성은 신체가 되기도 하니 건강과 직결되기도 합니다.

● 재성은 뿌리가 깊은 것이 좋고 지나치게 드러남은 좋지 않습니다.

재성이 천간에 드러나면 겁재에게 노출되어 쉽게 겁탈 당하게 됩니다. 뿌리가 깊은 지지에 암장된 재성이 안전하다고 합니다. 재성은 하나만 투간하여 쓰는 것이 맑다고 하며 이러한 경우에는 지나치게 드러났다고 하지 않습니다.

◆ 재왕생관의 격에서는 재성이 드러나도 꺼리지 않습니다.

재성이 드러난다고 하여도 관살이 있다면 겁재를 격퇴하여 재성을 보호하여 주게 됩니다. 마치 관청에서 재물을 지켜주는 것과 같습니다.

시	일	월	년	구분
乙	戊	壬	壬	천간
卯	午	子	申	지지

子월인데 지지에서 子申합되고 壬水가 투출하여 재격이 격용신으로 매우 강합니다. 乙木정관이 재성을 보호해주는 재왕생관격으로 성격되어 부귀하여진 갈참정의 명조입니다. 재왕생관격은 신강하고 상관과 칠살이 투출하지 않아야 귀격입니다.

◆ 재격은 신강해야 귀격이 될 수 있습니다.

재용식상에서 신강하고 정관이 투출하지 않고 한 개의 비겁만 있다면 유정하여 귀격이라고 합니다.

시	일	월	년	구분
辛	庚	壬	壬	천간
巳	辰	寅	寅	지지

寅월에서 투출하지 못한 甲木 재성이 격용신이고 壬水식신이 상신으로 투출하여 재용식상격으로 성격이 됩니다. 정관이 투출하지 않고 辛金비겁이 일간을 도와 유정하다고 합니다. 양시랑의 명조입니다. 신약한 재격에 정관이 투출하면 격이 나쁘게 됩니다.

◆ 재성이 왕한데 인성이 일간을 도우면 귀하게 됩니다.

재성이 인성을 극하면 파격의 원인이지만, 재성이 왕하여도 대개 혼자 있는 재성은 귀하지 못하고 인수가 일간을 도우면 귀하게 됩니다.

시	일	월	년	구분
庚	丙	甲	乙	천간
寅	申	申	未	지지

申월에서 정기 庚金재성이 투출하여 재격이 격용신이고 됩니다.

재성은 강한데 일간이 쇠약하여 甲乙木 인성이 일간을 도와 재격패인격으로 성격되어 부귀하여진 증참정의 명조입니다.

시	일	월	년	구분
辛	庚	己	乙	천간
巳	寅	卯	未	지지

卯월에서 乙木재성이 투출하고 卯未가 합을 하여 재격이 격용신입니다. 己土인수가 있어 재격패인격이지만 己土는 지지에 卯未합되어 뿌리를 잃고 乙木재성이 己土인수를 극제하니 패격이 되어 작은 부자에 불과하였다는 명조입니다.

◆ 재격에 식상과 인성이 서로 방해하지 아니하여야 귀격이 됩니다.

시	일	월	년	구분
丙	戊	戊	庚	천간
辰	子	子	戌	지지

子월의 정기 癸水 재격이 격용신입니다.

庚金식신은 격용신을 돕고 丙火인성은 일간을 도우며 서로 방해를 하지 아니
하여 부귀하게 된 오방안의 명조라고 합니다.

◆ 재격에 식상을 제거하여 암장된 관성을 보호하여 귀격이 됩니다.

시	일	월	년	구분
辛	癸	乙	壬	천간
酉	巳	巳	辰	지지

巳월의 정기 丙火재성이 격용신입니다.

壬水겁재는 乙木식신을 돕고 乙木식신은 巳중 戊土정관을 극하므로 辛金인성
이 정관을 보호하고 일간을 도와 귀하게 된 평강백의 명조라고 합니다.

◆ 재용상관격에서 재성이 심하게 강하지 않고 비겁이 강한 경우 상관이
하나 투출하여 비겁의 기운을 설기하면 귀하게 됩니다.

시	일	월	년	구분
壬	辛	辛	甲	천간
辰	酉	未	子	지지

未월에 甲木재성이 未土에 통근하여 재격이 격용신이지만 미약합니다. 壬水
상관이 상신이 되어 辛金비견의 기운을 설기하여 재성을 도와주므로 재용상
관격으로 성격하여 귀하게 된 왕학사의 명조라고 합니다.

◆ 재격에 칠살이 있는 경우

합살하여 재성을 남기거나 제살하여 재성을 생조하면 귀격이 됩니다.

시	일	월	년	구분
戊	甲	庚	乙	천간
辰	午	辰	酉	지지

辰월에서 정기인 戊土재성이 투출하여 격용신은 재격입니다.

庚金칠살이 있어 재생살을 하므로 파격이지만 乙木겁재가 상신이 되어 庚金 칠살을 합살하여 재성을 남기므로 귀하게 된 모장원의 명조입니다.

시	일	월	년	구분
甲	戊	戊	庚	천간
寅	寅	子	辰	지지

지지에서 子辰합으로 재격이 격용신이 됩니다. 庚金식신이 상신이 되어 戊土 비견과 합작하여 甲木칠살을 제거하고 격용신을 생조하니 귀하게 된 이어사 의 명조입니다.

◆ 재격에 칠살과 인성을 같이 쓰는 경우

칠살이 무리를 지어 꺼리는데 인성으로 이를 화하면 부자의 격국을 이루고, 만약 겨울의 土일주라면 火인성으로 역시 귀하게 됩니다.

시	일	월	년	구분
乙	己	丁	乙	천간
亥	巳	亥	丑	지지

亥월에서 정기 壬水재성으로 재격이 격용신입니다.

丁火인성이 상신이 되어 乙木칠살을 인화하여 일간을 도우니 귀하게 된 조시 랑의 명조라고 합니다.

◆ 壬水일간이나 癸水일간이 巳午월생인 경우

재성을 단독으로 써도 월지에 관살이 암장되어 귀를 누린다고 합니다.

시	일	월	년	구분
壬	癸	癸	丙	천간
戌	未	巳	寅	지지

巳월에서 정기 丙火재성이 투출하여 재격이 격용신입니다.

壬癸水비겁이 쟁재하고 있지만 巳중 戊土정관이 상신이 되어 재성을 보호하므로 귀하게 된 임상서의 명조입니다.

시	일	월	년	구분
壬	壬	癸	丙	천간
寅	戌	巳	辰	지지

巳월에서 정기 丙火재성이 투출하여 재격이 격용신입니다.

壬癸水비겁이 쟁재하고 있지만 巳중 戊土칠살이 상신이 되어 재성을 보호하므로 귀하게 된 왕태복의 명조입니다.

◆ 겁재와 양인이 너무 많아 재성을 버리고 칠살을 쓰는 경우

시	일	월	년	구분
壬	丙	丙	丙	천간
辰	午	申	辰	지지

申월에서 壬水칠살이 시간에 투출하여 칠살격이 격용신이 됩니다. 재격이지만 壬水칠살이 투출하여 비겁을 제거하니 기재용살격으로 성격되어 귀하게 된 어느 상서의 명조라고 합니다. 申辰으로 재성이 칠살격으로 화한 것입니다.

기재용살격棄財用煞格이란 재성을 버리고 칠살을 쓰는 것입니다.

⊙ 재격

●사주팔자에서 성격이 되는 경우
비겁이 강하고 재성이 강하면 성격이 되었다고 합니다.
비겁이 강하면 식상이나 관성이 돕는 것을 좋아하고
비겁이 약하면 인성의 도움을 좋아합니다.

●사주팔자에서 패격이 되는 경우
비겁이 재성을 극제하면 패격이라고 합니다.
운에서 식상이나 관성이 온다면 다시 성격됩니다.

◆ 재왕생관격은 부자의 명조입니다.

시	일	월	년	구분
戊	癸	丙	壬	천간
午	亥	午	申	지지

午월의 여기 丙火재성이 투출하지만
壬水겁재가 극하므로 월지 午火가 재격의 격용신이 됩니다.
戊土정관이 상신이 되어 재왕생관의 격국이 됩니다.

서방 金운에 일간을 도와 균형을 이루고
흐름을 좋게 만들어주니 부자가 된 명조입니다.

(3) 식신격食神格

◆ 일간과 음양이 같은 식신격 월지에 의하여 결정

일간	甲	乙	丙	丁	戊	己	庚	辛	壬	癸
월지	巳	午	辰戌	丑未	申	酉	亥	子	寅	卯
식신 격용신	丙	丁	戊	己	庚	辛	壬	癸	甲	乙

◆ 성격과 패격의 유형

성격	식신생재	일간이 비겁으로 신강할 경우
	식신제살	재성이 없을 때
	기식취살	식신을 버리고 칠살을 취하는데 인성 투간
패격		편인을 만나 효신탈식이 되는 경우, 재성과 칠살이 모두 있어 칠살을 강하게 하는 경우
성중유패		칠살로 식신제살하고 인성으로 일간을 생하므로 성격이 되었으나 사주에 재성이 있어 칠살을 생하고 인성을 파괴하는 경우
패중유성		편인을 만나 파격인데 기식취살로 성격되거나, 재성으로 편인을 파괴하여 식신을 보호하는 경우

● 식신은 식복과 수명을 주관하다고 합니다.

일간이 생하는 것이 식신이므로 재성을 생하여 일간에게 생필품을 제공하여 일간을 먹여 살리니 식복이 있다고 하는 것입니다. 또한 재성은 일간의 신체이기도 하니 재성을 생하여 수명을 연장하는 역할을 하기도 합니다.

식신은 학생시절에는 표현능력이 좋은 만큼 끼를 발휘하여 예술과 기능 계통으로 발전하려고 하며, 청년시절에는 재능을 발휘하는 능력이 되기도 하고, 장년에는 재능이 꽃을 피우며, 노년에는 후배에게 재능을 전수하는 역할을 하기도 합니다. 또한 식상이 자식이므로 자식의 생산과도 관계가 있습니다.

● 식신은 생재의 기능이 있습니다.

식신이 재성을 생하는 기능은 농경시절에 농사를 짓는 행위와 같습니다. 먹기 위하여 농사를 지었지만 대량 생산이 가능해지면서 재물의 축적 수단으로 활용되고 부를 일구는 행위가 되기도 합니다.

● 식신은 일간을 보호하는 역할을 합니다.

칠살은 일간을 공격하는 존재이므로 식신이 칠살을 극하여 일간을 보호합니다. 식신은 칠살과 음양이 같으므로 무정한 관계로 극을 할 수 있으므로 칠살을 극제 할 수 있는 것입니다.

● 일간이 강해야 생재나 제살의 효과가 좋습니다.

식신은 일간의 에너지로 생재나 제살을 하므로 일간이 강해야 효과가 좋습니다. 일간이 약하다면 효과적인 생재나 제살을 제대로 할 수 없어 파격의 원인이 되기도 합니다.

◆ 신강한데 식신이 왕하고 재성이 투출하여 귀하게 되는 경우

시	일	월	년	구분
癸	癸	癸	丁	천간
丑	亥	卯	未	지지

지지에서 亥卯未 木국으로 식신격이 격용신이 됩니다. 癸水비견의 무리가 많으므로 식신이 비겁의 에너지를 설기하여 상신 丁火재성을 생하여 식신생재격으로 성격되므로 귀하게 된 양승상의 명조입니다.

시	일	월	년	구분
庚	戊	壬	己	천간
申	子	申	未	지지

申월에서 정기 庚金식신이 투출하여 식신격이 격용신이 됩니다. 격용신인 庚金식신과 상신인 壬水재성이 동시에 투출하여 유정하고 己未겁재가 일간을 도와 일간과 식신 그리고 재성이 모두 강하여 삼자개비가 된 식신생재격으로 귀하게 된 사각로의 명조입니다.

◆ 여름의 나무가 재를 쓰는 경우
불은 뜨겁고 흙은 메말랐으나 무관으로 귀하게 된다고 합니다.

시	일	월	년	구분
丙	甲	己	己	천간
寅	寅	巳	未	지지

巳월에서 丙火식신이 투출하여 격용신이 식신격입니다. 水기가 없어 己土흙이 메말랐으나 己土재성이 상신으로 투출하여 식신생재격으로 성격시키니 火土의 세력으로 무관이 되어 귀하게 된 황도독의 명조라고 합니다.

◆ 지장간에 식신이 있고 상관이 드러나 있는 경우
그 사람의 성격이 매우 강하다고 합니다.

시	일	월	년	구분
甲	癸	癸	丁	천간
寅	卯	卯	亥	지지

卯월은 정기 乙木으로 식신격인데 시간에 甲木상관이 투출하여 식상이 혼잡되었다고 하는 것입니다. 식상이 혼잡되어 성격이 매우 강한 심로분의 명조라고 합니다.

시	일	월	년	구분
丙	癸	丁	甲	천간
辰	丑	卯	午	지지

卯월은 정기 乙木으로 식신격인데 甲木상관이 년간에 투출하여 식상이 혼잡되었다고 하며 월시간에 丙丁火가 동시에 투출하여 재성 역시 혼잡되었다고 하는 것입니다. 식상과 재성이 혼잡하여 부귀가 크지 못한 공지현의 명조라고 합니다.

◆ 재성을 쓰지 않고 칠살과 인성을 쓰는 경우
최고의 권위가 드러난다고 합니다.

시	일	월	년	구분
己	癸	辛	辛	천간
未	酉	卯	卯	지지

卯월의 정기 乙木으로 격용신이 식신격인데 辛金인성이 투출하여 식신패인격으로 성격하고 쇠약한 일간을 생하는 한편 己土칠살을 화살하여 귀하게 된 상국공의 명조라고 합니다.

시	일	월	년	구분
戊	丙	壬	戊	천간
戌	子	戌	戌	지지

戌월에서 戊土식신이 두 개나 투출하고 지지에 戌土가 세 개나 있어 격용신이 매우 강한 식신격입니다.

壬水칠살이 상신이 되어 식신제살격으로 성격이 되고 있습니다. 일간과 격용신 그리고 상신이 모두 강하므로 삼자개비가 되어 귀하게 된 호회원의 명조라고 합니다. 이때 재성이 있다면 귀하다고 할 수 없습니다.

◆ 金水식신격이 칠살을 쓰는 경우

金水식신격은 금수상관희견관金水傷官喜見官과 마찬가지로 사주가 춥기 때문에 따뜻한 丙丁火의 관살을 반기며 총명하다고 합니다.

시	일	월	년	구분
丁	辛	壬	丁	천간
酉	巳	子	亥	지지

子월은 정기 癸水식신으로 격용신이 식신격인데 壬水상관이 투출하여 식상이 혼잡되고 있어 사주가 탁하다고 합니다. 그러나 년간의 丁火칠살이 상신으로 壬水상관을 합거하여 식상을 맑게 하고 한편으로 사주를 따뜻하게 하면서 식신제살격으로 성격시키므로 귀하게 된 서상서의 명조라고 합니다.

**금수상관희견관은 추위를 火기로 따뜻하게 하는 것이며
목화상관희견수는 더위를 水기로 시원하게 하는 것으로
조후의 용법을 채용한 것입니다.**

◆ 木火식신격이 인수를 쓰는 경우

木火식신격은 목화상관희견수木火傷官喜見水와 마찬가지로 사주가 더워 차가운 壬癸水인수로 더워진 사주를 식히므로 조후가 구비되어 총명하다고 합니다.

시	일	월	년	구분
丙	甲	癸	丙	천간
寅	子	巳	午	지지

巳월에서 丙火식신이 투출하여 식신격이 격용신이 됩니다. 癸水인성이 상신으로 사주의 뜨거운 기운을 식혀주고 식신패인격으로 성격되어 일간을 도와주므로 귀하게 된 전참정의 명조라고 합니다.

◆ 식신이 제살을 하고 재성을 남기는 경우

식신격에 칠살이 투출했다면 본래 재성을 보는 것을 꺼리게 됩니다. 재성이 칠살을 생하여 제살을 방해하고 일간을 곤란하게 만들기 때문입니다.
그러나 재성과 칠살이 떨어져있고 식신이 중간에 있다면 재성은 칠살을 생조하지 못하므로 역시 귀하게 된다고 하며 최고의 귀격이 됩니다.

시	일	월	년	구분
乙	己	辛	癸	천간
亥	卯	酉	酉	지지

酉월에서 정기 辛金식신이 투출하여 식신격이 격용신이 됩니다.
乙木칠살이 상신이 되어 식신제살격으로 성격됩니다. 癸水재성이 乙木칠살을 생하면 파격이지만 멀리 떨어진 乙木칠살을 생조하지 못하므로 귀하게 된 유제태의 명조라고 합니다.

◆ 단독으로 식신을 쓰는 경우

사주에 재성이 없어도 식신에게 기운이 있어 재성의 운으로 흐른다면 부자가 되고, 재성의 운으로 흐르지 못하면 가난하다고 합니다.

식신격을 단독으로 쓰는 경우는 식신격이 매우 강한 상태입니다. 식신격이 매우 강하므로 재성운으로 흐르며 설기되어야 사주가 맑아지며 부자가 될 수 있는 것입니다.

아래 사주는 酉월에 巳酉丑합을 하고 辛金식신이 투출하여 식신국을 이룬것으로서 매우 강한 상태입니다.
또한 己土일간 역시 약하지 않으므로 식신국의 강한 설기를 감당할 수 있는 것입니다.

시	일	월	년	구분
辛	己	己	丁	천간
未	巳	酉	丑	지지

酉월의 정기 辛金식신이 투출하고 지지에서 巳酉丑합을 하므로 격용신은 식신격이 됩니다. 丁火인성이 상신이 되어 식신패인격으로 성격됩니다. 식신격이 매우 강하므로 壬子 癸丑의 재성운으로 흐르며 부자가 된 여성의 명조라고 합니다.

⊙ 식신격

● 사주팔자에서 성격이 되는 경우
비겁이 강하고 재성이나 관살이 있으면 성격이 되었다고 합니다.
비겁이 강하면 재성이나 관성이 돕는 것을 좋아하고
비겁이 약하면 인성의 도움을 좋아합니다.

◆ 사주팔자에서 패격이 되는 경우
인성이 식신을 극제하면 패격이라고 합니다.
운에서 재성이나 비겁이 온다면 다시 성격됩니다.

시	일	월	년	구분
丙	甲	癸	丙	천간
寅	子	巳	午	지지

巳월에서 정기 丙火식신이 년과 시간에 투출하여 식신격이 매우 강합니다.
癸水인성이 일지에서 투출하여 일간을 생하므로 상신이 되어 식신패인격
으로 성격되었습니다.

水木火의 세력이 균형을 이루고, 癸水가 년간 丙火를 극제하여 식신격을
맑게 유지하여 귀하게 된 전참정의 명조입니다.

(4) 인수격印綬格

◆ 월지 인수에 의하나 정편재로 나누지 아니합니다.

일간	甲	乙	丙	丁	戊	己	庚	辛	壬	癸
월지	亥 子		寅 卯		巳 午		丑 未 辰 戌		申 酉	
인수 격용신	壬 癸		甲 乙		丙 丁		戊 己		庚 辛	

● 인수印綬는 관직을 말하며 육신으로 인성이라고 합니다.

◆ 성격과 패격의 유형

성격	인수용살	인성이 약하고 칠살을 만난 경우
	인수용관	인성과 관살이 서로 세력이 비슷한 경우
	인용식상	일간과 인성이 왕한데 식상으로 설기
	인다용재	인성이 많고 재성의 뿌리가 있을 때
패격		인수가 약한데 재성이 있어 인수를 극하는 경우, 일간이 신강하고 인성도 강한데 칠살이 있어 인성과 일간을 무겁게 하는 경우
성중유패		식신이 있어 인수용식격으로 성격이 되었는데 재성이 들어오며 인성을 극제하는 경우, 칠살이 투출하여 인수용살격으로 성격이 되었는데 재성이 들어오며 인성을 제거하고 칠살만 남는 경우
패중유성		재성으로 인하여 파격인데 겁재가 제압하거나 합거하여 인수가 남는 경우

● 인성은 재성과 같이 정편으로 나누지 않습니다.

인성은 정인과 편인 모두 일간을 생하니 좋은 것이며 아름다운 격이므로 정편인으로 나누지 아니합니다. 정인은 친모와 같고 편인은 편모와 같다고 하지만 모두 나를 키워주는 어머니이므로 생하는 정은 모두 좋다고 하는 것입니다.

인성은 공부하는 학생시절에는 부모의 도움으로 공부하고 청년시절에는 자격을 갖추어 사회적 기능을 담당하고 장년시절에는 책임과 의무를 수행하는 관리자로서의 임무에 충실하며 노년에는 후배를 양성하고 삶의 수행을 완성하기도 합니다.

● 인성은 자격을 인정받는 것입니다.

인성印星은 도장의 별이므로 자격을 인정하는 것입니다. 자격증을 획득하는 것은 자격을 인정하는 문서이기 때문입니다. 부동산을 취득하면 등기권리증으로 자격을 인정받는 것입니다. 주식 등 유가증권 역시 화폐가치를 인정받는 것입니다.

학자는 학위나 논문으로 인정을 받을 것이며 교육자와 전문가는 국가에서 인정하는 자격증으로 인정을 받을 것입니다. 보험은 미래를 보장하는 문서로 인정을 받고 종교는 성직자의 직함으로 인정을 받는 것입니다.

공무원이나 회사원은 승진을 통하여 인정을 받고 정치가는 선거에 당선되어야 인정을 받게 됩니다.

인성은 자격을 인정받는 것으로 명예라고 합니다.
모든 자격 문서는 인성이라고 할 수 있습니다.
학위, 증서, 상장 등이 모두 포함됩니다.

◆ 인수격에 정관이 투출한 경우

신왕하고 인수가 강하여도 정관으로 인수를 생조할 수 있습니다. 단지 정관이 맑고 깨끗하기만 하면 됩니다.

시	일	월	년	구분
戊	辛	戊	丙	천간
子	酉	戌	寅	지지

戌월에서 戊土인성이 투출하여 인수격이 격용신입니다. 상신으로 丙火정관이 투출하여 인수를 생하므로 인수용관격이 됩니다. 정관이 寅木의 지지에 있어 맑고 깨끗하여 귀하게 된 장참정의 명조라고 합니다.

◆ 인수격에 칠살을 쓰는 경우

일간이 왕하고 인수가 약하거나 혹은 일간이 약하고 인수가 강한 경우에 부족한 점을 칠살이 채워주면 유정하여 귀하게 됩니다. 만약 일간과 인수가 모두 왕강한데 칠살을 쓴다면 고독하거나 빈한하게 됩니다.

시	일	월	년	구분
庚	癸	癸	己	천간
申	未	酉	巳	지지

酉월에 지지에서 巳酉합되고 庚金인성이 투출하여 인수격이 격용신입니다. 일간이 쇠약하니 인수격이 己土칠살을 인화하여 인수용살격국으로 일간을 도와 유정하여 귀하게 된 모장원의 명조라고 합니다.

시	일	월	년	구분
壬	壬	戊	壬	천간
寅	辰	申	寅	지지

申월에서 정기 庚金인수로 인수격인데 지지에 申辰 水국이고 壬水비견이 투출하여 격용신이 됩니다. 戊土칠살이 투출하여 상신으로 록겁용살격이 성격되어 귀하게 된 마참정의 명조라고 합니다.

◆ 인수격인데 식상이 있어서 귀하게 되는 경우

신강하고 인수가 왕하면 태과한 것이 두려우므로 일간의 기운을 설기하는 식상의 기운이 아름답다고 합니다. 만약에 인수가 미약하고 신약한데 식상이 중첩이 되어 있다면 춥고 배고픈 격국이 됩니다.

시	일	월	년	구분
壬	辛	戊	丙	천간
辰	未	戌	戌	지지

戌月에서 戊土인성이 투출하여 인수격이 격용신입니다. 丙火정관이 투출하여 상신으로 인수용관격이 성격됩니다. 壬水상관이 있지만 戊土인성이 가운데에서 丙火정관을 상하게 하지 못하고 오히려 壬水상관이 시간에서 일간을 설기하므로 아름답다고 합니다. 인수격에 식상이 있어서 귀하게 된 주상서의 명조라고 합니다.

시	일	월	년	구분
壬	丁	己	乙	천간
寅	酉	卯	亥	지지

卯月에서 정기 乙木인성이 투출하고 지지에 亥卯 木국으로 인수격이 격용신으로 강합니다. 격용신이 己土식신을 제거하고 壬水정관을 보호하여 인수용관격으로 성격되므로 인수격에 식상이 있어 귀하게 된 임회후의 명조라고 합니다.

시	일	월	년	구분
己	丙	乙	戊	천간
亥	午	卯	戌	지지

卯月에서 정기 乙木인성이 투출하여 인수격이 격용신입니다. 戊己土식상으로 인수와 일간의 왕기를 설기하니 귀하게 된 이장원의 명조라고 합니다.

◆ 인수격에 칠살을 쓰는데 식상도 아울러 있는 경우

식상은 일간을 설기하며 칠살을 제복하고 칠살은 인성을 생하면서 일간을 돕게 됩니다. 이럴 경우는 일간이 왕하거나 인수가 중함을 막론하고 귀격이 된다고 합니다.

시	일	월	년	구분
庚	己	辛	乙	천간
午	巳	巳	丑	지지

巳월은 정기 丙火인수로 인수격인데 지지에 巳丑합을 이루며 庚辛金식상이 투출하여 격용신이 식상격으로 변화합니다. 辛金식신이 乙木칠살을 제살하고 庚金상관은 일간을 설기하여 귀하게 된 손포정의 명조라고 합니다.

◆ 인수가 강하고 재성이 약한데 식상이 드러나 있는 경우

식상이 재성을 생해주고 재성이 인수격을 극제하면 부자는 되어도 귀하게 되지는 못합니다.

시	일	월	년	구분
丙	癸	乙	庚	천간
辰	亥	酉	寅	지지

酉월은 辛金인수격인데 庚金인성이 투출하여 乙木식신을 乙庚합으로 金기로 화하게 만들어 인수격을 돕고 乙木식신이 丙火재성을 생하지 못하게 하여 인성을 보호하므로 귀하게 된 우감부의 명조라고 합니다.

시	일	월	년	구분
癸	辛	甲	己	천간
巳	未	戌	未	지지

戌월은 戊土인수격인데 己土인수가 투출하여 甲木재성을 甲己합으로 土기로 화하게 만들어 인수격을 돕고 癸水식신이 甲木재성을 생하지 못하게 하여 귀하게 된 명조라고 합니다.

◆ 인수가 많아서 재성을 써야 하는 경우

인수가 무겁고 신강하면 투출한 재성이 인수의 태과함을 억제하는데 쓰이게 됩니다. 인수의 뿌리가 견고하다면 재성이 극제하여도 귀함을 잃지 않는다고 합니다.

시	일	월	년	구분
辛	壬	丙	辛	천간
亥	申	申	酉	지지

申월은 정기 庚金 인수격인데 辛金인성이 두 개나 투출하여 인성이 무거워 격용신이 탁하다고 합니다. 丙火재성이 년간 辛金인성을 합거하여 인성의 세력을 맑게 하니 귀하게 된 왕시랑의 명조라고 합니다.

◆ 인수가 약하고 재성이 강한 경우

겁재가 재성을 극제하여 인수를 구해주지 않는다면 재물을 탐하고 인수를 파괴하니 빈천한 격국이 된다고 합니다.

시	일	월	년	구분
丙	壬	丙	丙	천간
午	寅	申	戌	지지

申월은 정기 庚金 인수격인데 투출하지 못하여 월지를 격용신으로 하여 인수격이 됩니다. 丙火재성의 세력이 지지에 寅午戌 火국으로 매우 강하므로 종재격이 될 수 있으나 일간 壬水가 월지에 통근하여 종하지도 못합니다.

비겁이 없으니 강한 丙火재성을 극제하지도 못하고 설기하지도 못하여 강한 재성이 재물을 탐하며 인수격의 격용신을 파괴하므로 재다신약의 빈천한 격국이 되었습니다.

◆ 인수격에 관살이 투출한 경우
  합살이 되거나 관살을 제하여 맑아지면 귀격이라고 합니다.

시	일	월	년	구분
乙	甲	庚	辛	천간
亥	辰	子	亥	지지

子월인데 정기 癸水인수가 투출하지 못하고 월지 자체가 격용신으로 인수격
입니다.
庚辛金 관살이 혼잡되었으나 乙木겁재가 庚金칠살을 합살하여 辛金정관을 남
기니 합살류관으로 격국이 맑아졌습니다.

시	일	월	년	구분
己	丙	癸	壬	천간
亥	子	卯	子	지지

卯월인데 정기 乙木인수가 투출하지 못하여 월지 자체가 격용신으로 인수격
입니다.
壬癸水 관살이 혼잡되었으나 己土 상관이 癸水정관을 제극하여 壬水칠살을
남기니 합관류살이 되어 격국이 맑아졌습니다.

용어 Tip

관살혼잡官煞混雜이란 정관과 칠살이 동시에 있는 것으로
관살이 탁하여지므로 길보다는 흉한 일이 많게 됩니다.
합살류관合煞留官으로 칠살을 제거하고 정관을 남기거나
합관류살合官留煞으로 정관을 제거하고 칠살을 남깁니다.
하나만 남아있으면 관살이 맑아진다고 합니다.

◆ 인수가 비겁으로 화하는 경우

인수를 버리고 재관을 취합니다.

시	일	월	년	구분
癸	丙	庚	丙	천간
巳	午	寅	午	지지

寅월인데 정기 甲木인수가 투출하지 못하여 월지 자체가 격용신으로 인수격이지만 지지에 寅午합이 되고 丙火비견이 투출하여 록겁격이 됩니다.

인수격이 제 역할을 하지 못하므로 인수격을 버리고 록겁격을 격용신으로 취용하여 庚金재성과 癸水정관을 상신으로 하는 록겁용재관격으로 성격되어 귀하여진 조지부의 명조입니다.

◆ 인수격에 칠살이 투출한 경우

겁재가 있어서 칠살과 인수가 남는다면 역시 귀격입니다.

시	일	월	년	구분
乙	甲	戊	庚	천간
亥	戌	子	戌	지지

子월은 정기 癸水인수로 인수격인데 癸水인수가 투출하지 못하므로 월지 자체가 인수격으로 격용신이 됩니다.

庚金칠살이 투출하여 인수용살격으로 성격이 되나 戊土재성이 있어 재생살을 하고 재극인을 하므로 파격입니다. 그러나 乙木 겁재가 戊土재성을 제극하여 재생살을 막으니 다시 인수용살격으로 성격되어 귀하게 된 명조라고 합니다.

◉ 인수격

● 사주팔자에서 성격이 되는 경우
식상이나 관살이 있으면, 성격이 되었다고 합니다.
비겁이 강하면 식상으로 설기하는 것을 좋아하고
비겁이 약하면 관살의 도움을 좋아합니다.

● 사주팔자에서 패격이 되는 경우
재성이 인성을 극제하면 패격이라고 합니다.
운에서 비겁이나 관살이 온다면 다시 성격됩니다.

◆ 격용신이 기의 흐름을 원활하게 하면 부귀합니다.

시	일	월	년	구분
乙	癸	戊	丁	천간
卯	丑	申	巳	지지

申월에서 투출하지 못하여 월지 자체가 인수격입니다.
戊土관성이 丁火재성의 생을 받아 격용신을 생하고, 기운이 일간과 식신
으로 유통하니 사주의 기흐름이 매우 좋게 되었습니다.

남편과 자식이 모두 귀하게 되어, 일생을 편하게 지낸 어느 부인의 명조입
니다.

⑥ 역용 4격의 성패

(1) 칠살격七煞格

기본개념

◆ 일간과 음양이 같은 칠살격의 월지에 의하여 결정

일간	甲	乙	丙	丁	戊	己	庚	辛	壬	癸
월지	申	酉	亥	子	寅	卯	巳	午	辰戌	丑未
칠살 격용신	庚	辛	壬	癸	甲	乙	丙	丁	戊	己

◆ 성격과 패격의 유형

성격	살용식제	일간이 비겁으로 신강할 때
	살격용인	일간이 신약할 때
	살격봉인	사주에 양인이 있을 때
패격		재성이 칠살을 생하여 강하게 하는데 식신이 없어 칠살을 제복하지 못하여 일간을 해롭게 하는 경우
성중유패		식신의 제복으로 살용식제격으로 성격이 되나 인수가 투출하여 식신을 극제하는 경우
패중유성		식신으로 살용식제격이 성격되나 인수가 있어 식신을 파괴하여 파격인데 재성으로 인수를 제거하는 경우

● 편관을 칠살이라고 합니다.

편관은 일간과 음양이 같은 관성이므로 편관이라고 합니다. 편관은 일간으로부터 일곱 번째에 있는 천간으로 일간을 공격하며 극제하기에 칠살七煞이라고 부르는 것이 일반적입니다. 칠살은 사흉신 중의 하나로서 역용을 하는 이유입니다.

칠살의 역용은 칠살을 극제하는 것이므로 식신으로 제살하는 것이 최선입니다. 식신과 칠살은 음양이 같으므로 무정하기에 그러합니다.

칠살을 극제하기 어려우면 인성으로 화化하여 쓰면 됩니다. 화하여 쓴다는 것은 내편으로 끌어들여 유용하게 쓴다는 것입니다. 마치 적장을 회유하여 내편으로 끌어들이는 것입니다. 이를 화살化煞이라고 합니다.

● 칠살은 법과 질서를 수호하고자 하는 의지가 있습니다.

정관이 법과 질서를 시행하는 것이라면, 칠살은 법과 질서를 수호하고자 하는 의지가 있습니다. 정관이 법과 질서를 집행한다면 칠살은 법과 질서를 위반하는 이들을 단속하고자 합니다.

정관이 사거리의 신호등이라면 칠살은 경찰관이라고 할 수 있습니다. 운전자들은 신호등에 따라 움직여야 하는 데 이를 따르지 않고 신호위반을 하면 경찰관이 단속을 하게 됩니다.

● 칠살은 진보적인 세력으로 봉사 헌신하고자 합니다.

칠살은 구태의연한 세력을 변화시켜 보다 발전된 이상의 세계를 건설하려는 의지가 있습니다. 그러므로 새로운 개혁을 하고자 사회와 조직에 봉사 헌신하는 것이 칠살입니다.

◆ 일간이 신강하면 칠살은 식신으로 제살하는 것이 최선입니다.

칠살도 왕하고 식신도 강하고 신강하면 극히 귀하게 됩니다.

시	일	월	년	구분
丁	乙	乙	乙	천간
丑	卯	酉	亥	지지

酉월 정기 辛金 칠살격인데 천간에 투출하지 못하여 월지 자체가 격용신으로 칠살격입니다.

丁火식신이 뿌리가 없어 미약하므로 乙木비견으로 생조하여 丁火식신으로 辛金 칠살을 제극하여 칠살용식제의 격국으로 성격되어 귀하게 된 명조입니다.

◆ 일간이 신약하면 인수로 칠살을 화하여 쓰는 것이 최선입니다.

식신을 버리고 인수를 취한다면 무정한 것이 유정하게 되어 귀하게는 되지만 역시 크게 되지는 않는다고 합니다.

시	일	월	년	구분
丙	甲	庚	戊	천간
寅	申	申	子	지지

申월에서 정기 庚金칠살이 투출하여 칠살격이 격용신입니다.

칠살격에 재성이 있으면 파격인데 戊土재성이 庚金칠살을 생하는 재생살이 되므로 파격입니다.

丙火식신이 있어 庚金칠살을 제살하고자 하지만 丙火식신이 미약하고 비겁마저 없으니 제살하지 못하므로 식신의 역할을 하기 어렵습니다.

그러므로 丙火식신을 포기하고 지지에서 申子합의 인수를 취하여 庚金칠살을 화살하고 일간을 도우니 살격용인격으로 성격되었지만 크게 귀하지는 못하였다고 합니다.

◆ 살용식제격에는 재성과 인수가 드러나지 않아야 합니다.

재성은 식신을 설기하여 칠살을 생하여 파격이고, 인수는 식신을 제거하므로
역시 파격의 원인이 됩니다. 재성이 앞에 있고 식신이 뒤에 있으면 재성이 생
한 칠살을 식신이 다시 극제하고, 인수가 앞에 있고 식신이 뒤에 있는 것도 식
신이 태왕하여 인수가 제재하면 대귀한다고 합니다.

시	일	월	년	구분
戊	丙	甲	壬	천간
戊	戊	辰	辰	지지

辰월에서 戊土식신이 투출하여 격용신이 식신격이지만 식신격이 매우 강하여
미약한 일간 丙火가 감당이 안되므로 甲木인성이 태왕한 戊土식신을 제어하
여 일간을 보호하고 있습니다.

인수가 앞에 있고 식신이 뒤에 있는 것으로 壬水칠살로 甲木인수를 생하고 甲木
인수로 태왕한 戊土식신을 제재하여 대귀하였다는 탈승상의 명조라고 합니다.

◆ 칠살용재격에서 재성과 칠살과 함께 있는 경우

식상이 인성의 극제를 당하여 제살이 어려우면 재성이 인성을 제거하고 식상
을 남기면 귀격이 된다고 합니다.

시	일	월	년	구분
庚	丁	甲	戊	천간
戊	未	子	戊	지지

子월 칠살격이 격용신이 됩니다. 甲木인성이 戊土상관을 극제하여 제살이 어
려우니 庚金재성으로 하여금 甲木인성을 극제하여 戊土상관이 제살하도록 도
와주어 성격이 됩니다. 庚金재성이 격용신을 생하고 인성을 제어하여 대귀했
다는 주승상의 명조라고 합니다.

◆ 살격용인격에서 인수가 유정하다면 귀격이 됩니다.

시	일	월	년	구분
辛	壬	戊	丙	천간
丑	戌	戌	寅	지지

戌월에서 戊土칠살이 투출하여 격용신이 칠살격인데 지지에서 寅戌이 합하고
丙火재성이 투출하여 재생살이 되어 파격이지만
辛金인성이 화살하여 일간을 도와 살격용인격으로 성격되므로 귀하게 된 하
참정의 명조라고 합니다.

◆ 칠살용재격에서 인수가 있는 경우
신왕하고 칠살은 가벼운데 칠살이 인수로 화하고 격용신이 맑지 못할 때는 재
성을 빌려서 격을 맑게 하면 역시 귀격이 된다고 합니다.

시	일	월	년	구분
庚	丙	乙	甲	천간
寅	戌	亥	申	지지

亥월은 壬水칠살격인데 甲木인수가 투출하여 격용신이 인수격이 되지만 甲乙
木인성이 혼잡되어 격용신이 탁합니다.
庚金재성이 乙木을 합거하니 재성을 써서 격국을 맑게 하여 귀하게 된 유운사
의 명조라고 합니다.

◆ 칠살격에 식신이 없어 인수를 쓰는 경우

시	일	월	년	구분
戊	戊	甲	戊	천간
午	寅	寅	辰	지지

寅월에서 정기 甲木칠살이 투출하여 격용신이 칠살격입니다.
식상이 없어 제살이 되지않으나 지지에서 寅午합하여 火인성으로 화살하므로
귀하게 되었다는 조원외의 명조라고 합니다.

◆ 관살혼잡인 경우

칠살격에 정관이 섞여 관살혼잡이 되었다면 정관이나 칠살을 제거하면 맑아지며 귀하게 된다고 합니다.

시	일	월	년	구분
庚	庚	丁	癸	천간
辰	寅	巳	卯	지지

巳월 정기 丙火칠살이 투출하지 못하고 丁火정관이 투출하여 관살혼잡이 되므로 격용신이 탁하다고 합니다.

癸水상관이 丁火정관을 제거하여 칠살격이 맑아지며 살용식상격으로 성격되어 귀하게 된 악통제의 명조라고 합니다.

시	일	월	년	구분
辛	辛	甲	丙	천간
卯	亥	午	子	지지

午월은 정기 丁火칠살격인데 丙火정관이 투출하여 관살혼잡이 됩니다.

지지에서 子午충으로 丁火칠살을 제거하고 丙火정관을 남기니 격용신으로 맑아지게 됩니다.

甲木재성이 정관격을 생조하며 인수운에 발전하게 되므로 戊戌 己亥 대운에 귀하게 된 심낭중의 명조라고 합니다.

월지에서 음양이 다른 천간이 투출하면, 혼잡되었다고 합니다.

관살이나 식상의 혼잡은 매우 탁하므로, 하나를 제거하여 맑게 유지하여야 합니다.

⊙ 칠살격

● 사주팔자에서 성격이 되는 경우
식상이나 인성이 있으면, 성격이 되었다고 합니다.
비겁이 강하면 식상으로 제살하는 것을 좋아하고
비겁이 약하면 인성으로 화하는 것을 좋아합니다.

● 사주팔자에서 패격이 되는 경우
재성이 칠살을 생하면 패격이라고 합니다.
운에서 비겁이나 인성이 온다면 다시 성격됩니다.

시	일	월	년	구분
丙	庚	丙	壬	천간
戌	午	午	申	지지

午월에서 丙火칠살이 투출하여 관살혼잡이 되었습니다.
壬水식신이 칠살을 극제하므로 정관이 맑아집니다.
살용식제격으로 격국을 맑게 하여주어 좋게 되었습니다.

운이 金水로 흐르며 관살의 세력과 균형을 이루므로
귀하게 된 명조입니다.

(2) 상관격傷官格

◆ 일간에 음양이 다른 상관격 월지에 의하여 결정

일간	甲	乙	丙	丁	戊	己	庚	辛	壬	癸
월지	午	巳	丑未	辰戌	酉	申	子	亥	卯	寅
상관 격용신	丁	丙	己	戊	辛	庚	癸	壬	乙	甲

◆ 성격과 패격의 유형

성격	상관생재	비겁으로 신강할 경우
	상관패인	상관이 왕하고 인성의 뿌리가 있을 경우
	상관대살	일간이 약하고 인성이 있거나 재성이 없을 때
패격	정관이 있어 상관에게 극제 당하는 경우, 상관생재하는데 칠살을 생하는 경우, 상관패인에서 일간이 신왕하고 상관이 약한 경우	
성중유패	재성이 있어 상관생재격으로 성격이 되었는데 재성이 합거 당하는 경우, 인수가 있어 상관패인격으로 성격이 되었는데 재성에 의하여 인성이 파괴된 경우	
패중유성	재성이 있어 상관생재하는데 칠살이 투출하여 파격이 되었는데 칠살이 합거되어 다시 성격되는 경우	

● 상관은 사흉신 중의 하나입니다.

상관傷官은 정관을 상하게 한다는 흉신입니다. 정관은 일간과 유정한 관성이므로 상관이 극제하여 상하게 하는 것이니 흉신이라고 합니다. 상관과 정관은 음양이 같으므로 항상 대립하게 됩니다.

상관은 일간의 에너지를 빼앗아 정관을 상하게 하므로 일간에게는 흉신이 되는 것입니다. 그러나 일간이 힘이 있고 재성이 있으면 상관은 재성으로 화하니 커다란 재물을 만들기도 합니다. 식신생재보다 상관생재에서 큰 부자가 많은 이유입니다.

● 상관은 혁신적이고 진보적입니다.

정관은 보수적이고 상관은 진보적입니다. 그러므로 보수를 제압하고 진보적인 행동을 하는 것이 상관입니다. 상관은 진보를 표방하므로 혁신적이고 개혁적이 됩니다.

과거 왕권시대에 정관은 조정을 뜻하므로 상관의 행위는 반역행위와 같아 극히 싫어하여 흉신으로 보는 것입니다. 그러므로 상관견관이라하여 상관이 정관을 보는 것으로 백가지의 재앙을 불러온다는 위화백단爲禍百端이라 하여 극히 두려워한다는 것입니다.

● 상관은 끼와 재능이기도 합니다.

상관은 일간의 에너지를 설기하여 발산하는 끼이기도 합니다. 끼는 재능으로 예능 분야에서 두각을 나타냅니다. 연예인들에게 상관이 있다면 인기를 누리게 될 것이고 학자들에게 상관이 있다면 학문이 일취월장할 것이며 기능인에게 상관이 있다면 달인이 될 것입니다. 그러므로 문필가와 학자의 명조에 상관격을 득한 자들이 매우 많다고 합니다.

◆ 상관생재격인 경우에

대체적으로 상관은 일간에게 불리하게 작용을 하므로 흉한 것이지만, 상관이 재성을 생하게 되면 상관은 도리어 정관을 생하는 도구가 되어 흉이 길로 변하게 되니 가장 유리하게 된다고 합니다. 다만 일간이 강하고 뿌리가 있어야 귀격이 됩니다.

시	일	월	년	구분
庚	戊	己	壬	천간
申	午	酉	午	지지

酉월 정기 辛金상관격이지만 庚金식신이 투출하여 격용신이 식상격으로 혼잡되었습니다.

戊土일간은 己土겁재가 있고 뿌리가 깊어 식상의 혼잡을 능히 감당할 수 있으며 壬水재성이 투출하여 식상의 생조를 받으니 식상생재격이 되어 부자가 되었다는 사춘방의 명조라고 합니다.

◆ 상관을 재성으로 변화시키면 크게 빼어나다고 합니다.

상관을 재성으로 화하는 것입니다. 이는 마치 칠살을 인성으로 화하는 것과 마찬가지입니다. 아래 나장원의 명조에서 亥水는 월지 未土를 만나 木기로 화하니 상관이 재성으로 변화하였다고 하는 것입니다.

시	일	월	년	구분
戊	辛	乙	甲	천간
子	未	亥	子	지지

亥월은 정기 壬水상관격이 격용신이지만 지지에서 亥未합으로 木국을 이루며 甲乙木재성이 투출하여 재격이 매우 강한 격용신으로 변화되고 있습니다. 水가 변하여 木으로 화하고 재성을 도우므로 더욱 유정하며 상관이 재성으로 화하니 귀하게 되었다고 합니다.

◆ 재성과 상관이 유정한 경우

시	일	월	년	구분
庚	丙	丁	己	천간
寅	寅	丑	卯	지지

丑월에서 정기 己土상관이 투출하여 상관격이 격용신입니다.
庚金재성이 월지에 통근하여 유정하고 일간이 지지에서 寅木의 도움을 받아 강하므로 상관생재격으로 성격되어 귀하게 되었다는 진룡도의 명조라고 합니다.

◆ 木火상관인 경우
목화상관희견수木火傷官喜見水로 조후의 기능이 있으며 인수가 능히 상관을 제어하므로 귀격이 됩니다. 그러나 오히려 상관이 왕하고 일간이 조금 약하여야 인성의 역할이 크며 총명함이 빼어나게 됩니다.
그러나 인수가 왕하고 뿌리가 깊은데 많이 있거나, 정인과 편인이 모두 함께 투출하여 인성혼잡이 되면 오히려 총명함이 빼어나지 못하다고 하며, 상관이 가볍고 일간이 무거운데 인수가 많이 있다면 역시 빈궁한 격국이 됩니다.

시	일	월	년	구분
壬	甲	丙	壬	천간
申	午	午	申	지지

午월에서 정기 丁火상관격이 격용신이지만 丙火식신이 투출하여 식상이 혼잡되어 격용신이 탁하다고 합니다. 壬水인성이 년간에 투출하여 丙火식신을 극제하니 상관격이 맑아지게 됩니다.
시간 壬水로 일간을 생조하여 상관패인격으로 성격되므로 총명한 기가 빼어나서 귀하게 된 나평장의 명조라고 합니다.

◆ 金水상관인 경우

상관격에서 정관을 쓰는 것이 있는데 다른 상관격은 쓰지 못하지만 금수상관
희견관의 조후용법으로 정관을 독자적으로 사용합니다.

시	일	월	년	구분
丁	庚	甲	戊	천간
丑	午	子	申	지지

子월은 정기 癸水상관격이 격용신으로 투출하지 못하였지만 金水상관격이므
로 조후로 火기를 좋아합니다. 丁火정관이 시간에 투출하여 차가운 사주를 따
뜻하게 하여 귀하게 된 어느 승상의 명조라고 합니다.

◆ 상관격에 재성과 인수를 겸용하는 경우

재성과 인성은 상극하는 관계이므로 본래 함께 쓰지 않지만 천간에서 재성과
인성이 모두 맑고 서로 장애가 되지 않으면 귀격이 됩니다.

시	일	월	년	구분
壬	戊	己	丁	천간
子	子	酉	酉	지지

酉월은 정기 辛金상관이 격용신이 되는데 투출하지 못하여 월지 자체가 상관
격으로 격용신이 됩니다. 壬水재성이 투출하여 상관생재격이지만 壬水재성
이 강하여 일간이 감당하기 어려우니 己土 겁재와 丁火 인성이 일간을 돕고 운
에서 火운으로 흐르며 귀하게 된 도룡제의 명조라고 합니다.

시	일	월	년	구분
丁	戊	己	壬	천간
巳	午	酉	戌	지지

酉월은 정기 辛金상관격이 격용신이지만 투출하지 못하여 월지가 상관격으로
격용신이 됩니다.

격용신이 미약하므로 己土겁재가 격용신을 생하여 도와주고 壬水재성을 생하는 상관생재격으로 성격이 되어 귀하게 된 어느 승상의 명조라고 합니다.

◆ 상관이 재성으로 화하는 경우
겨울의 金일간이 정관을 쓰는데 상관이 변하여 재성이 되었다면 총명한 수기가 극히 빼어나고 극히 귀하게 된다고 합니다.

시	일	월	년	구분
己	辛	己	丙	천간
亥	未	亥	申	지지

亥월은 정기 壬水 상관격이 격용신인데 투출하지 못하고 지지에 亥未 木국으로 재성으로 화하여 丙火관성을 생하고 木火운으로 흐르니 극히 귀하게 된 정승상의 명조라고 합니다.

◆ 상관격에 칠살과 인수를 쓰는 경우
상관이 많고 일간이 약하면 칠살은 일간을 돕는 인수를 생하여 상관을 제어해야 합니다. 이때 재성이 없어야 귀격이라고 합니다. 재성은 인성을 극하고 칠살을 생하므로 도움이 안 된다고 합니다.

시	일	월	년	구분
丙	庚	丙	己	천간
子	子	子	未	지지

子월은 정기 癸水 상관격이 격용신이 됩니다.
지지에 子水상관 세력이 강하고 일간은 비록 뿌리가 없어 약하지만 丙火칠살이 己土인수를 생하여 상관 세력을 제어하므로 귀하게 된 채귀비의 명조라고 합니다.

⊙ 상관격

● 사주팔자에서 성격이 되는 경우
재성이나 인성이 있으면, 성격이 되었다고 합니다.
비겁이 강하면 생재하는 것을 좋아하고,
비겁이 약하면 패인하는 것을 좋아합니다.

● 사주팔자에서 패격이 되는 경우
상관이 정관을 극제하면 패격이라고 합니다.
운에서 재성이나 인성이 온다면 다시 성격됩니다.

시	일	월	년	구분
丁	戊	辛	戊	천간
巳	午	酉	子	지지

酉월에서 辛金상관이 투출하여 상관격입니다.
巳午에서 투출한 丁火인성이 일간을 생하여 총명하기
로 소문난 상관패인격이 됩니다.

북방 水운에 상관의 기세를 재성으로 화하며,
수많은 재물을 벌어들인 명조입니다.

(3) 양인격陽刃格

◆ 일간과 음양이 다른 양인격 월지에 의하여 결정

일간	甲	丙	戊	庚	壬
월지	卯	午	午	酉	子
양인 격용신	乙	丁	己	辛	癸

◆ 성격과 패격의 유형

성격	양인로살 양인로관	재성과 인성이 드러나고 상관이 없을 경우
패격	관살이 없는 경우	
성중유패	정관이 있어 양인로관격으로 성격이 되었는데 상관이 들어오며 정관을 파괴하는 경우, 칠살이 있어 양인로살격으로 성격이 되었는데 칠살이 합거되는 경우	
패중유성	관살을 용하여 성격되었는데 식상이 관살을 극하여 파격인데 인수가 들어오며 식상을 극제하여 관살을 보호하는 경우	

● 양인은 사흉신 중의 하나입니다.
양인陽刃은 일간의 재물을 양간이 가지고 있는 칼로 강탈한다고 하는
흉신입니다. 양간의 왕지인 子午卯酉를 양인이라고 합니다.

양인은 양인살에서 비롯됩니다. 양인살羊刃煞은 양을 죽일 수 있는 권한이라
고 합니다. 신의 제사에 제물로 바치는 양을 죽일 수 있는 권한은 절대 권력자
에게 있기 때문입니다.

● 양인을 다스릴 수 있는 것은 칠살입니다.
칠살은 양인의 무서운 칼날을 사회적 계도를 위하여 쓸 수 있습니다. 상관이
양인을 가지면 매우 위험합니다. 정관을 극제하며 양인을 도와 역적을 도모할
수 있기 때문입니다.

● 양인이란 나의 정재를 겁탈하는 것이며 정재의 칠살입니다.
겁재라고 하지 않고 양인이라고 하는 이유는 겁탈하는 작용이 심하기 때문입
니다. 양인은 마땅히 극제해야 하므로 관살이 좋고 재성과 인성으로 관살을
도우면 더욱 귀하게 된다고 합니다.

● 양인격에서는 칠살이 정관과 같이 재성과 인성을 반깁니다.
일반적으로 정관이 재성과 인성의 도움을 받으면 좋은 것은 당연한 것이고,
칠살은 일반적으로 재성과 인성의 도움을 회피하지만 양인격에서는 칠살도
재성과 인성의 도움을 반기는데 이는 양인의 흉폭함을 칠살로 다스리기 위한
방편입니다. 양인격에 쓸 경우에는 양인을 제어하기 위하여 일간이 상함을 두
려워하지 않기 때문입니다. 그러므로 양인격은 재성과 인성을 반기며 식상으
로 칠살을 제복하는 것을 꺼리는 것입니다.

◆ 양인이 천간에 투출하는 경우

양인용관격의 경우에는 양인이 투출함을 염려하지 않지만, 양인로살격의 경우에는 양인의 투출로 인해 칠살을 합거하므로 격국의 성립이 없어집니다.

시	일	월	년	구분
丁	丙	壬		천간
		午		지지

丙火일간이 午월에 나서 양인격인데 壬水칠살이 제복하여 양인로살격이 됩니다. 그러나 시간에 양인으로부터 丁火겁재가 투출하여 있으니 壬水칠살은 丁火겁재와 합하려고 하며 양인을 제복하려 하지 않으니 격국이 탁하게 됩니다.

시	일	월	년	구분
丁	丙		癸	천간
		午		지지

丙火일간이 午월에 나서 양인격인데 癸水정관이 제복하여 양인용관격이 됩니다. 시간에 양인으로부터 丁火겁재가 투출하여 있으나 癸水정관에 의하여 丁火겁재를 극제하고 양인도 제복하여 격국이 성립하게 됩니다.

◆ 관살이 천간에 투출하여야 귀격입니다.

시	일	월	년	구분
丙	壬	丙	己	천간
午	寅	子	酉	지지

子월은 월지 자체로 양인격이 격용신입니다.
己土정관이 시지 午火에 뿌리를 두고 년간에 투출하고 丙火재성의 생을 받아 양인로관격을 성격시켜 귀하게 된 승상의 명조입니다.

시	일	월	년	구분
壬	丙	甲	辛	천간
辰	申	午	酉	지지

午월은 월지 자체가 양인격으로 격용신이 됩니다.

壬水칠살이 지지에 申辰의 세력이 있고 년간 辛金재성의 생함을 받아 양인로
살격이 성격되어 귀하게 된 어느 승상의 명조라고 합니다.

◆ 관살이 양인을 제어하는데 식상이 있어도 귀하게 된 경우

양인로살격이나 양인로관격에 식상이 있으면 파격이나 인수가 있어서 관살
을 보호하거나 칠살이 태과한 것을 덜어주어 관살이 맑아진다면 귀하게 된다
고 합니다.

시	일	월	년	구분
戊	庚	癸	甲	천간
寅	寅	酉	午	지지

酉월은 월지 자체가 양인격으로 격용신이 됩니다.

寅午 火局으로 양인을 제어하는데 癸水상관이 방해를 하여 파격이 됩니다. 戊
土인수가 癸水상관을 합거하고 甲木재성이 火局 관살을 생하고 보호하여 양
인로살격을 성격시키므로 귀하게 된 목동지의 명조라고 합니다.

시	일	월	년	구분
甲	戊	庚	甲	천간
寅	申	午	寅	지지

午월은 월지 자체가 양인격으로 격용신이 됩니다.

甲木칠살의 세력이 너무 커서 탁하므로 庚金식신이 甲木칠살을 맑게 하면서
양인로살격에 식신을 쓰는 격국으로 성격되어 귀하게 된 가평장의 명조라고
합니다.

시	일	월	년	구분
壬	庚	丁	丙	천간
午	申	酉	戌	지지

酉월은 월지 자체가 양인격으로 격용신이 됩니다.

丙丁火관살혼잡으로 무거운데 壬水식신이 丁火정관을 합거하여 丙火칠살이 맑아지며 양인로살격이 성격되어 귀하게 되었습니다.

◆ 丙火일간 午월 양인격의 경우

丙火일간이 午월에 태어나면 午중 己土가 내장되어 관살인 壬癸水를 극제할 수 있으니 이때는 재성이나 인수가 있어야 합니다.

시	일	월	년	구분
庚	丙	壬	乙	천간
寅	子	午	酉	지지

午월은 자체로 월지가 양인격입니다.

午火중에는 己土가 내장되어 있어 壬水칠살을 극할 수 있으므로 庚金재성으로 생하고 乙木인성으로 壬水칠살을 보호하여 양인로살격을 성격시키고 있습니다.

◆ 戊土일간 午월 양인격의 경우

시	일	월	년	구분
甲	戊	丙	壬	천간
寅	子	午	戌	지지

戊土일간이 午월에 태어나면 午중 己土가 양인인데 丙火가 투간하고 지지에 寅午戌 火국이 되면 양인이 변하여 인수격이 됩니다.

이때 甲乙木관살이 투출하여 양인을 제거하고 丙丁火인수를 남겨 놓으면 격국이 매우 맑아집니다. 그러나 壬癸水 재성이 있어 丙丁火인성을 제거하고 甲木칠살만 남겨둔다면 일간이 위험하다고 합니다

⊙ 양인격

● 사주팔자에서 성격이 되는 경우
관살이 있으면, 성격이 되었다고 합니다.
양인은 관살로 극제하는 것을 좋아하고,
재성이나 인성으로 관살을 도와주어야 좋아합니다.

● 사주팔자에서 패격이 되는 경우
관살을 식상으로 극제하면 패격이라고 합니다.
운에서 재성이나 인성이 온다면 다시 성격됩니다.

◆ 午월 양인격입니다.

시	일	월	년	구분
壬	丙	戊	癸	천간
辰	午	午	丑	지지

壬癸水가 모두 있어 관살혼잡이 됩니다.
戊癸합으로 관살혼잡을 맑게 하고, 壬水칠살이 양인을 억제하여 성격되고 있습니다.

木水운에 칠살을 도와 귀하게 된 명조입니다.

(4) 록겁격祿劫格

기본개념

● 일간과 오행이 같은 록겁격의 월지에 의하여 결정

일간	甲	乙	丙	丁	戊	己	庚	辛	壬	癸
월지	寅	寅卯	巳	巳午	辰戌	辰戌丑未	申	申酉	亥	亥子
록겁 격용신	甲	甲乙	丙	丙丁	戊	戊己	庚	庚辛	壬	壬癸

◆ 성격과 패격의 유형

성격	록겁용관	재성과 인성을 만날 경우
	록겁용살	식신으로 제복할 경우
	록겁용재	식상을 만날 경우
패격		재관이 반드시 필요하나 없을 경우, 칠살과 인성이 투출한 경우에는 비겁이 더욱 강해짐
성중유패		정관이 투출하여 록겁용관격으로 성격이 되었는데 상관이 있어 정관을 파괴하는 경우, 재성이 투출하였는데 칠살이 투출하여 재생살이 되는 경우
패중유성		정관으로 성격되었지만 상관이 정관을 파괴하여 파격되었는데 상관이 합거되는 경우, 재성으로 성격되었지만 칠살로 인하여 파격인데 칠살이 합거되는 경우

● 건록과 월겁은 동일한 격이므로 구분이 필요하지 않습니다.

건록은 일간과 같은 비견이며, 월겁은 일간의 겁재라고 할 수 있습니다. 그러므로 록겁이란 건록과 월겁을 합친 말입니다.

록겁격은 일간의 비겁이므로 일간이 매우 강왕하게 됩니다. 그러므로 재성과 관살 그리고 식상을 써야 부귀하게 되지만 이들이 없다면 종왕격이란 외격으로 보아야 합니다.

● 록겁용관격의 경우

정관이 천간에 투출하면 기묘하고, 또한 재성과 인성이 서로 보조하는 것이 좋으며, 보조가 없는 외로운 정관은 쓸 수 없습니다.

시	일	월	년	구분
癸	癸	戊	庚	천간
亥	酉	子	戌	지지

癸水일간에 子월은 월지 자체가 록겁격으로 격용신이 됩니다.

戊土정관이 투출하여 록겁용관격이 됩니다. 庚金인수가 있어 정관을 보호하니 귀하게 된 김승상의 명조라고 합니다.

시	일	월	년	구분
壬	丁	丙	丁	천간
寅	巳	午	酉	지지

丁火일간에 午월은 월지 자체가 록겁격으로 격용신이 됩니다.

壬水정관이 투출하여 록겁용관격이 됩니다. 巳酉 金국이 재성으로 정관을 도우니 귀하게 된 이지부의 명조라고 합니다.

록겁격에서는 관살이나 재성을 격용신으로 하고, 격용신을 돕는 육신을 상신으로 정하기도 합니다.

● 록겁용관격에서 신강치삼기의 경우

정관이 있으면서 재성과 인수가 함께 있으면 소위 신강치삼기身强値三奇라
하여 매우 귀한 기운이라고 합니다.

삼기三奇란 재성과 관성 그리고 인수를 말하며, 정관이 재성과 인수 사이에 있
어 재성과 인수가 서로 상하지 않아야 그 격국이 더욱 크게 된다고 합니다.

시	일	월	년	구분
丁	癸	戊	庚	천간
巳	卯	子	午	지지

癸水일간에 子월은 월지 자체가 록겁격으로 격용신입니다.

戊土정관이 있어 록겁용관격인데 庚金인수와 丁火재성이 서로 상함이 없이
관성을 도우니 귀하게 된 왕소사의 명조라고 합니다.

● 록겁용재격의 경우

반드시 식상이 있어야 성격이 됩니다. 겁재가 있으면서 재성을 쓰는 경우에는
둘이 서로 상극이니 필히 겁재를 식상으로 화하여 재성을 생하여야 합니다.

시	일	월	년	구분
壬	癸	丙	甲	천간
辰	丑	子	子	지지

癸水일간에 子월은 월지 자체가 록겁격으로 격용신입니다.

丙火재성이 있으나 뿌리가 없어 상신으로 쓰기 어려우나 이때 甲木상관이
壬水겁재를 화하여 丙火재성을 도우니 록겁용재격국으로 성격되어 귀하게 된
장도통의 명조라고 합니다.

● 겁재가 재성으로 화하거나 재성을 생하는 경우

화겁위재化劫爲財는 겁재가 재성으로 화하는 것이고,

화겁위생化劫爲生은 겁재가 식상으로 화하여 재성을 생하는 것입니다.

시	일	월	년	구분
辛	丁	己	己	천간
丑	未	巳	未	지지

丁火일간에 巳월은 월지 자체가 록겁격으로 격용신입니다.

辛金재성이 월지에 통근하고 己土식신이 생재하여 록겁용재격국으로 성격되어 대귀하였다고 합니다.

시	일	월	년	구분
甲	庚	甲	庚	천간
申	子	申	子	지지

庚金일간에 申월 록겁격인데 申子합으로 상관격이 격용신이 됩니다.

甲木재성이 미약하여 상신으로 쓰기 어려우나 申子가 합하여 申金겁재를 식상으로 화하여 상관생재격으로 성격되어 대귀한 고상서의 명조라고 합니다.

● 록겁용살격의 경우

록겁용살격은 반드시 칠살을 제복해야 귀하게 됩니다.

시	일	월	년	구분
己	癸	壬	丁	천간
未	卯	子	巳	지지

癸水일간에 子월 록겁격입니다. 己土칠살이 있어 록겁용살격인데 壬水겁재가 丁火재성을 합거하여 재생살을 방지하고 지지에서는 卯未가 회국하여 칠살을 제복하고 있어 귀하게 된 누참정의 명조라고 합니다.

● 칠살을 제거하고 재성을 남기는 경우

칠살을 쓰는데 재성이 있으면 본래 아름답지 못하지만 칠살을 제거하고 재성을 남긴다면 이 또한 귀격이 된다고 합니다.

시	일	월	년	구분
丙	壬	癸	戊	천간
午	午	亥	辰	지지

壬水일간에 亥월은 자체로 록겁격이 격용신입니다.

戊土칠살이 있지만 戊癸합으로 칠살을 제거하고 丙火재성을 쓰니 록겁용재격으로 귀하게 된 원내각의 명조라고 합니다.

● 관살혼잡이 되는 경우

록겁격에 관살이 모두 투출하여 혼잡하다면 반드시 맑게 해주어야 귀격이 된다고 합니다.

시	일	월	년	구분
乙	甲	庚	辛	천간
亥	辰	寅	丑	지지

甲木일간에 寅월은 자체로 록겁격이 격용신입니다.

庚辛金 관살이 함께 투출하여 관살혼잡이 되었으나 乙木겁재가 庚金칠살을 합거하여 辛金정관만 남아 합살류관이 되어 록겁용관격으로 귀하게 된 어느 평장의 명조라고 합니다.

시	일	월	년	구분
丙	甲	庚	辛	천간
寅	申	寅	亥	지지

甲木일간에 寅월 록겁격입니다. 庚辛金 관살이 함께 투출하여 관살혼잡이 되었으나 丙火식신이 庚金칠살을 극제하고 辛金정관만 남아 거살류관이 되어 귀하게 된 명조입니다.

● 목화통명과 금수상함인 경우

록겁격에서는 재관이 없으면 식상을 써야하는데 설기가 태과하여도 역시 빼어난 기가 됩니다. 이때 오로지 봄의 木일간과 가을의 金일간만 귀하게 된다고 합니다.

시	일	월	년	구분
丙	甲	丙	甲	천간
寅	子	寅	子	지지

甲木일간에 寅월은 자체로 록겁격이 격용신입니다.

록겁격에서 丙火식신을 보았으니 목화통명이 되어 귀하게 된 장장원의 명조입니다.

시	일	월	년	구분
庚	庚	庚	癸	천간
辰	子	申	卯	지지

癸水일간에 申월은 자체로 록겁격이 격용신입니다.

록겁격에서 지지에 申子辰 삼합을 하고 癸水상관을 보았으니 금수상함이 되어 귀하게 된 명조입니다.

목화통명木火通明은, 봄木이 火기를 만나 밝아지니 총명하고 크게 발전합니다. 금수상함金水相涵은, 가을金이 水기를 품어 맑아지니 총명하고 귀하게 됩니다.

● 정관이 도움을 받지 못하는 경우

정관을 쓰는데 정관을 돕지 못하는 고관무보가 되었다면 격국이 작으니 귀를 누리기 힘든데 만약 식상까지 투출하면 파격이 됩니다. 그런데 정관과 상관이 모두 투출했는데도 귀하게 되는 경우가 있습니다.

시	일	월	년	구분
庚	壬	乙	己	천간
子	戌	亥	酉	지지

壬水일간에 亥월은 자체로 록겁격이 격용신입니다.
己土정관을 乙木상관이 극제하여 파격인데 庚金인성이 乙木상관을 합거하므로 己土정관을 남겨 록겁용관격으로 성격되어 귀하게 된 왕총병의 명조가 그러하다고 합니다.

혹시 정관이 두 개 투출하면 무거우므로 역시 제복해야 하는데
소위 정관이 경쟁할 때는 상관이 없으면 안 된다고 하는 것입니다.
➡ 이럴 때는 상관으로 정관 하나를 제복해야 맑아집니다.

관살을 쓰는데 무겁고 제복이 없어도 운에서 제복하면 역시 재능을 발휘할 수 있으나 관살이 너무 과중하면 신상에 위험이 있다고 합니다.
➡ 관살이 많으면 삶의 장애가 많거나 질병의 요소가 되기도 합니다.

재를 쓰는데 식상이 투출하지 않으면 발전이 어렵습니다.
천간에 한 개가 투출하여 혼잡하지 않으며 지지에 뿌리가 많다면
역시 부유하게 되지만 귀하다는 소리는 못 듣는다고 합니다.
➡ 재성을 씀에 비겁과 식상의 기운이 반드시 필요합니다.

핵심 Tip

◉ 록겁격

● 사주팔자에서 성격이 되는 경우
관살이나 재성이 있으면, 성격이 되었다고 합니다.
정관은 정관격으로 성격하고, 칠살은 칠살격으로 성격하고
재성은 재격으로 성격이 되는 특징이 있습니다.

● 사주팔자에서 패격이 되는 경우
정관격, 칠살격, 재격의 패격과 같습니다.

◆ 卯월 록겁격입니다.

시	일	월	년	구분
庚	乙	辛	丙	천간
辰	亥	卯	辰	지지

丙辛합으로 庚辛金 관살혼잡을 맑게 하고, 庚金 정관으로 록겁용관격을
성격시키고 있으나, 庚金의 뿌리가 없어 격의 구실을 못하고 있습니다.

남방 火운에는 노력은 하여도 보람이 없었으나,
서방 金운에는 균형이 조화가 되어 넉넉하게 살았다고 합니다.

7 외격

(1) 외격이란

외격外格이란 월령이외의 곳에서 용신을 찾는 격국으로, 그 격이 매우 많으므로 잡격이라고도 합니다.

자평진전에서는 월령에서 용신을 구하는 순용 4격과 역용 4격을 제외하고는 모두 외격으로 분류하였으나 실제로 일행득기격이나 양신성상격 또는 삼상격과 종화격 등은 억부용신과 전왕용신으로 분류되어 쓰이고 있으며 나머지는 잡격으로 분류되지만 잘 쓰이지는 않습니다.

잡격이란 그 수가 매우 많아서 잡격이라고 하는데 일반적으로 연해자평에 수록된 격국들을 차용한 것이며 형합격, 요합격, 합록격, 정란차격 등과 같이 사주팔자에 없는 오행이나 육신을 형충합으로 끌어와 재관으로 쓰면서 성격시키는 특징이 있습니다. 허공에서 끌어오는 재관은 실제 글자가 없는 것으로 허자虛字라고도 하며 실제 있는 것처럼 쓰이므로 귀중하다고 하는 것입니다. 그러나 허자가 운에서 나타나는 전실운塡實運에서는 낭패를 보는 것이 일반적이니 실제가 나타나면 가짜가 행세를 못하기 때문입니다. 실제로 재관을 허자로 쓴다는 것은 사주에 재관이 없다는 것이며 인성과 비겁 그리고 식상만 이루어져 있는 사주로서 전왕용신격이 될 가능성이 많으므로 요즈음에는 전문가의 사주에서 많이 볼 수 있는 형태입니다.

허자가 두려워하는 전실운이란 따지고 보면 전왕용신이 두려워하는 운의 배반이라고 할 수 있지만 사주의 흐름이 운과 이어진다면 전실운에서도 발전되므로 반드시 두려워 할 존재는 아니라고 봅니다.

일행득기격, 양신성상격, 삼상격, 종화격 등은 억부용신과 전왕용신으로 일반적으로 많이 쓰이는 격국이지만 형충합으로 끌어오는 소위 허자론에 대한 격국은 일반적으로 쓰이지 아니하고 자평진전이나 적천수에서도 부정하는 편이므로 여기서는 간단히 소개하기로만 합니다.

(2) 도충격

도충倒沖이란 지지에 강한 세력을 충하는, 재관의 지지를 끌어와 쓰는 것입니다. 사주에 재관이 없는데 강한 세력을 충하는 것이 재관이라면 이를 끌어와 재관으로 삼아 성격시키는 것을 말합니다. 지지에 같은 글자가 세 개 이상 중복되어 있어야 세력이 강하다고 합니다.

시	일	월	년	구분
戊	戊	戊	戊	천간
午	午	午	午	지지

지지에서 午火가 무리지어 子水를 충하여 끌어와서 子중 癸水재성으로 도충격을 성격시키며 귀하게 된 관운장의 사주라고 합니다. 이 사주에 未土가 있다면 도충격이 성립되지 아니하고 평생 헛된 이익과 명예를 추구한다고 합니다. 子水 전실운을 기피합니다. 억부적인 관법으로 본다면 戊土의 午월은 양인격인데 재관이 없어 파격이지만 일간이 강하므로 종강격으로 午火가 전왕용신이 되며 水운을 기피합니다. 전왕용신에서는 도충격에서 두려워하는 未土가 있어도 큰 영향을 받지 아니합니다.

(3) 합록격

합록격合祿格이란 정관이 없으니 합하여 온다는 것입니다.
戊일간의 庚金시간이 乙木정관을 합하여 옵니다.

시	일	월	년	구분
庚	戊	戊	己	천간
申	辰	辰	未	지지

관살이 투출하지 못하여 격국을 이루지 못하고 있습니다. 그러므로 시간의 庚金이 乙木정관을 끌어와 록겁용관격으로 성격시켜 귀하게 된 촉왕의 명조가 그러합니다. 乙木 전실운을 꺼립니다.

(4) 기명종재격

기명종재격棄命從財格은, 일간이 무력한데 사주가 모두 재성으로 구성되어 있다면 일간은 자신을 버리고 재성을 따라 종하는 격으로 대귀하다고 합니다. 만약 인수가 투출하면 일간은 인수에 의지하니 종격이 되지 못하고, 관살이 있으면 재성을 따르지 않으니 종재의 이론이 성립되지 않으므로 기명종재격이 성립하지 않습니다.

시	일	월	년	구분
乙	丙	乙	庚	천간
丑	申	酉	申	지지

丙火일간 酉월은 재성의 세력이 매우 강한데 일간과 乙木인성은 뿌리조차 없어 신약하여 재다신약이 되고 있습니다. 일간은 부득이 자신을 버리고 재성에 종하는 기명종재격이 되어 귀하게 된 왕십만의 명조입니다. 木火운을 꺼립니다.

(5) 기명종살격

기명종살격棄命從煞格은 사주가 모두 관살로 되어 있고, 일간이 신약하여 부득이 자신을 버리고, 관살을 따르는 격으로 대귀한다고 합니다.
만약 식상이 있으면 칠살이 극을 당하니 따르지 아니하고, 인수가 있으면 인수가 화살하니 따르지 아니합니다.

시	일	월	년	구분
甲	乙	乙	乙	천간
申	酉	酉	酉	지지

지지가 모두 金기로 이루어져 일간과 겁재는 뿌리조차 없어 힘을 쓸 수 없으므로 부득이 자신을 버리고 지지의 金기에 종하는 기명종살격으로 귀하게 된 이시랑의 명조입니다. 木火운을 꺼립니다.

(6) 정란차격

정란차격井攔叉格이란 庚金일간이 지지에 삼합을 가진 것입니다.
寅월생이면 寅午戌 火국이 水기를 끌어오고, 申월생이면 申子辰 水국이 火기를 끌어오기 때문입니다. 사주에 丙丁火가 투출하거나 巳午火가 있다면 이미 재관이 있는 것이므로 충하여 끌어올 필요가 없으므로 정란차격이라고 하지 않습니다.

시	일	월	년	구분
庚	庚	庚	戊	천간
辰	申	申	子	지지

庚金일간의 申월은 록겁격인데 재관이 없어 파격입니다.
그러나 지지에 申子辰 水국이 寅午戌 火국을 도충하여 끌어오니 정란차격이 성격되어 귀하게 된 곽통제의 명조입니다. 火운을 기피합니다.
정란차井攔叉란 고대에 쓰인 무기로서 우물과 같은 망루를 높은 곳에 매달아 바퀴를 달고 이동하며 높은 성벽에 있는 적을 공격하는 무기를 말합니다.

(7) 형합격

형합격刑合格이란 억지로 끌어당기는 것이라고 합니다.

시	일	월	년	구분
甲	癸	癸	乙	천간
寅	卯	卯	未	지지

癸水일간이 甲寅시에 나고 사주에 火土재관이 없으므로 寅巳형으로 巳중 戊土정관과 丙火재성을 끌어와 형합격으로 성격하고 귀하게 된 십이절도사의 명조입니다. 戊土와 丙火의 전실운을 꺼리고 金운이 불리하고 다른 운은 길합니다.

![Summary]

● 격용신은 사회적 적성이고 격국은 사회적 쓰임새입니다.

격용신	격국
월령의 기	월령의 기 + 상신
사회적 적성	사회적 쓰임새

● 격용신은 내격과 외격으로 구분합니다.

내격	외격
사길신 순용 4격 사흉신 역용 4격	내격이 아닌 경우

● 격용신의 적성

재격	재물의 유통 및 소유 재산의 관리
관살격	조직의 법과 질서를 유지하고 관리
인수격	학문과 자격 관리, 명예와 직위 관리
식상격	재능과 생산 기능, 영업 관리
록겁격	독립적 기능

● 八字用神 專求月令 팔자용신 전구월령

팔자의 용신은 오로지 월령에서만 구합니다.

◆ 격용신에 상신이 작용하면 격국용신으로 사회적쓰임새가 됩니다.

격용신	상신	격국용신
정관격	재성, 인성	관봉재인
재격	관성	재왕생관
	식상	재용식상
	인성	재격패인
인수격	칠살	인수용살
	정관	인수용관
	식상	인용식상
	재성	인다용재
식신격	재성	식신생재
	칠살	식신제살
	칠살	기식취살
칠살격	식신	살용식제
	인성	살격용인
	양인	살격봉인
상관격	재성	상관생재
	인성	상관패인
	칠살	상관대살
양인격	칠살	양인로살
	정관	양인로관
록겁격	정관	록겁용관
	칠살	록겁용살
	재성	록겁용재

◆ 격용신에는 순용과 역용이 있습니다.

순용	재격, 정관격, 인수격, 식신격
역용	칠살격, 상관격, 록겁격, 양인격

◆ 격국은 내격과 외격이 있습니다.

내격	재성격, 정관격, 인수격, 식신격, 칠살격, 상관격, 겁재격, 양인격
외격	내격으로 격국을 정하지 못하는 경우

◆ 격국은 격용신과 상신으로 이루어집니다.

격용신	월령의 정기가 격용신이며 월령에서 투출한 천간이 격용신을 대표합니다.
상신	격용신을 보좌하여 격국을 성립시키는 육신

◆ 격국은 성격과 패격의 형태를 갖습니다.

성격成格	격국이 모습을 제대로 갖춘 것
패격敗格	격국이 깨지거나 일그러진 것

성중유패 成中有敗	성격이 되었는데 병이 있어 패격이 되는 경우
패중유성 敗中有成	패격이 되었는데 약이 있어 성격이 되는 경우

◆ 성격의 유형

격용신	성격유형	성격의 조건
정관격	관봉재인	형 충 파 해가 없어야 성격
재 격	재왕생관	재생관으로 재성을 보호하는 경우
	재용식상	신강하거나 비겁이 식상을 생하는 경우
	재격패인	재성과 인성이 서로 극하지 않을 때
인수격	인수용살	인성이 약하고 칠살을 만난 경우
	인수용관	인성과 관살이 서로 세력이 비슷한 경우
	인용식상	일간과 인성이 왕하므로 식상으로 설기
	인다용재	인성이 많고 재성의 뿌리가 있을 때
식신격	식신생재	일간이 비겁으로 신강할 경우
	식신제살	재성이 없을 때
	기식취살	인성이 투출하여 식신을 버리고 칠살을 취함
칠살격	살용식제	일간이 비겁으로 신강할 때
	살격용인	일간이 신약할 때
	살격봉인	양인이 사주에 있을 때
상관격	상관생재	일간이 비겁으로 신강할 경우
	상관패인	일간이 약하고 인성의 뿌리가 있을 경우
	상관대살	일간이 약하고 인성이 있거나 재성이 없을 때
양인격	양인로살 양인로관	재성과 인성이 드러나고 상관이 없을 경우
록겁격	록겁용관	관성이 재성과 인성을 만날 경우
	록겁용살	칠살을 식신으로 제복할 경우
	록겁용재	재성이 식상을 만날 경우

◆ 패격의 유형

격용신	패격의 조건
정관격	상관이 있어 정관을 극제할 경우, 형충을 받을 경우
재 격	재성이 약한데 비겁이 많아 재성을 탈취당하는 경우, 칠살을 생하게 되어 일간에게 해가 되는 경우
인수격	인수가 약한데 재성이 있어 인수를 극하는 경우, 일간이 신강하고 인성도 강한데 칠살이 있어 인성과 일간을 무겁게 하는 경우
식신격	편인을 만나 효신탈식이 되는 경우, 재성과 칠살이 모두 있어 칠살을 강하게 하는 경우
칠살격	재성이 칠살을 생하여 강하게 하는데 식신이 없어 칠살을 제복하지 못하여 일간을 해롭게 하는 경우
상관격	정관이 있어 상관에게 극제 당하는 경우 금수상관은 오히려 정관을 기뻐하니 예외로 함. 상관생재하는데 칠살을 생하여 칠살을 강하게 만들어 일간을 해롭게 하는 경우 상관패인은 상관이 강하고 일간이 신약할 때 유용한데, 일간이 신왕하고 상관이 약한 경우에는 오히려 격국이 일그러지게 됨.
양인격	관살로 제복하여야 하나 관살이 없는 경우
록겁격	재관이 반드시 필요하나 없을 경우, 칠살과 인성이 투출한 경우에는 비겁이 더욱 강해짐

◆ 성중유패成中有敗

격용신	성중유패의 경우
정관격	재성을 만나 정관용재격으로 성격이 되었는데 상관이 들어오며 정관을 극제하거나 정관이 합이 되는 경우
재 격	정관을 생하여 재왕생관격으로 성격이 되었는데 상관이 들어오며 정관을 극제하거나 정관이 합이 되는 경우
식신격	칠살과 인성이 있어 식신용살인격으로 성격이 되었는데 재성이 들어오며 칠살을 생하고 인성을 파괴하는 경우
인수격	식신이 있어 인수용식격으로 성격이 되었는데 재성이 들어오며 인성을 극제하는 경우, 칠살이 투출하여 인수용살격으로 성격이 되었는데 재성이 들어오며 인성을 제거하고 칠살만 남는 경우
칠살격	식신이 있어 칠살용식격으로 성격이 되었는데 인수가 들어오며 식신을 극제하는 경우
상관격	재성이 있어 상관생재격으로 성격이 되었는데 재성이 합거되는 경우, 인수가 있어 상관패인격으로 성격이 되었는데 재성이 들어오며 인성이 파괴된 경우
양인격	정관이 있어 양인로관격으로 성격이 되었는데 상관이 들어오며 정관을 파괴하는 경우, 칠살이 있어 양인로살격으로 성격이 되었는데 칠살이 합거되는 경우
록겁격	정관이 있어 록겁용관격으로 성격이 되었는데 상관이 들어오며 정관을 파괴하는 경우, 재성이 있어 록겁용재격인데 칠살이 들어오며 재생살이 되는 경우

◆ 패중유성敗中有成

격국용신	패중유성의 경우
정관격	정관이 상관을 만나 파격인데 인수가 들어오며 상관을 제압하는 경우, 관살이 혼잡되어 탁한데 합살하여 관성이 맑아지는 경우, 형충을 회합으로 해소하는 경우
재 격	겁재를 만나 파격인데 식신이 들어오며 겁재를 화하거나 정관이 들어오며 겁재를 제압하는 경우, 칠살을 만나 파격인데 식신이 들어오며 제살하거나 합거하는 경우
식신격	편인을 만나 파격인데 칠살이 들어오며 기식취살로 성격되는 경우, 재성으로 편인을 파괴하여 식신을 보호하는 경우
인수격	재성으로 인하여 파격인데 겁재가 들어오며 재성을 제압하거나 합거하여 인수가 남는 경우
칠살격	식신으로 칠살용식격이 성격되나 인수가 들어오며 식신을 파괴하여 파격인데 재성으로 인수를 제거하는 경우
상관격	재성이 있어 상관생재하는데 칠살이 들어오며 파격이 되었으나 칠살이 합거되어 다시 성격되는 경우
양인격	관살을 용하여 성격되었는데 식상이 관살을 극하여 파격인데 인수가 들어오며 식상을 극제하여 관살을 보호하는 경우
록겁격	정관으로 성격되었는데 상관이 정관을 파괴하여 파격인데 상관이 합거되는 경우, 재성으로 성격되었는데 칠살이 들어오며 파격인데 칠살이 합거되는 경우

제3장
억부용신론

抑扶用神論

01 억부용신의 개념

기본개념

⊙ 억부용신은 기세를 조절하는 작용을 하며, 삶의 역량과 능력을
나타냅니다.

◆ 억부의 개념

억抑	강한 것은 억제하고 많은 것은 덜어내는 것
부扶	약한 것은 도와주고 적은 것은 보태주는 것

◆ 억부용신은 기세의 균형을 조절합니다.

왕쇠	기	월령의 계절 기운의 성쇠를 말합니다.
강약	세	무리의 세력의 강약을 말합니다.

핵심 Tip

- 기세의 주요 판단기준은 왕쇠강약에 있습니다.
왕쇠는 계절의 오행을 득한 기의 개념
강약은 무리의 세력을 득한 세의 개념

❶ 억부용신抑扶用神의 특징

◆ 격국론이 사회적 그릇의 형상을 만드는 용신법이라면 억부론은 삶의
능력을 조절하는 용신법입니다.

격국론	월령을 중심으로 격국(그릇)의 성패
억부론	오행을 중심으로 기세(능력)의 균형 조절

◆ 억부용신의 기준은 일간과 오행입니다.

일간 중심	신강 신약으로 기세의 균형 조절
오행 중심	오행의 왕쇠강약으로 기세의 균형 조절

• 일간 중심은 신강 신약으로 기세의 균형을 조절합니다.
  인비의 기세가 강한 것을 신강하다고 하며
  식재관의 기세가 강한 것을 신약하다고 합니다.

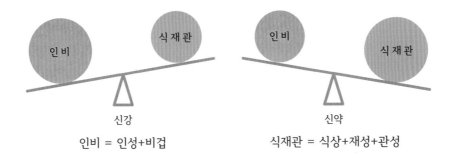

신강 인비 = 인성+비겁

신약 식재관 = 식상+재성+관성

● 기세는 왕쇠강약을 기준으로 합니다.

일간 중심이나 기세중심이나 모두 왕쇠강약에 의하여 기세를 판별합니다. 기세는 오행이나 육신이나 월령의 왕쇠와 지지의 강약에 의하여 기세가 결정되고 기세를 조절하는 것이 억부용신인 것입니다.

극강한 오행이 전체 기세의 대부분을 차지한다면 그 오행이 사주의 전체 기세를 주도하게 되어 기세의 균형을 조절하지 못하므로 전왕용신으로 등극합니다.
상극하는 두 오행이 전체 기세 대부분을 차지하면서 서로의 기세가 비슷하다면 이들을 연결하여주는 통관용신이 필요합니다.

● 억부용신은 삶의 능력이며 역량이 됩니다.

기세가 있으면 능력이 있다고 하는 것입니다. 기세가 없는 오행이나 육신은 자신의 역할을 제대로 해내기 어렵습니다. 힘이 있어야 삶의 능력이 주어지는 것처럼 사주팔자에서 오행이나 육신의 능력이 없다면 경쟁사회에서 살기 어렵습니다.

의식주는 삶의 생존력을 높여 주기 위한 수단입니다. 사람들은 보다 질 좋은 의식주를 갖기 위하여 노력하며 경쟁을 합니다. 세력이 있는 오행과 육신은 질 좋은 의식주를 가져다주며 명예와 재물을 풍성하게 만들어주기 때문입니다. 억부용신이 기세를 중시하는 까닭입니다.

● 기세의 균형을 만들어가면서 생존능력을 높여 가게 됩니다.

사주팔자에 기세가 약하다면 우선 힘이 없으므로 부귀를 얻는 것은 어렵다고 할 것입니다. 그러나 운에서 도와준다면 어느 정도 기세를 얻어 능력을 발휘할 수도 있습니다.

운에서 약한 것을 도와주어야 생존수단이 생기는 것이고 운에서조차 도와주지 않는다면 삶이 어려워지는 것입니다.

● 억부용신은 부족한 것을 추구하는 것입니다.

사주에 부족한 것이 있다면 이를 채우기 위하여 노력하는 것이 억부용신입니다. 살아가기 위하여 생존하기 위하여 필요한 것이기 때문입니다. 사주에서 부족한 것을 운에서 채워가며 생존하는 것입니다.

사주가 균형과 조화가 잘 되어 있다면 굳이 힘들여가면서 채울 필요가 없습니다. 그러므로 대개 평범한 삶을 살아가기 마련입니다. 장남이 지은 명리정종의 병약론에도 사주에 병이 있어야 부귀하게 된다고 하였습니다.

부족한 것이 있어야 이를 채우고자 노력하는 가운데 발전하는 것이며 부귀를 이룰 수 있는 계기가 되는 것입니다. 그러므로 유명인들의 사주를 보면 대개 심하게 치우쳐 있는 경우가 대부분입니다.

● 억부용신은 강한 것을 쓰고 약한 것을 버리기도 합니다.

억부용신은 생존능력이므로 약한 것을 무조건 도와주지만은 않습니다. 때로는 약한 것이 쓸모없다고 생각하면 과감하게 버리고 강한 것을 쓰는 경향이 있습니다. 사슴의 무리가 사자에게 쫓기고 있다면 무리는 약한 놈을 버리고 달아납니다. 약한 놈을 사자에게 주고는 강한 놈들이 무리를 유지하려고 하는 것입니다.

사주에 강한 것이 장점이 되는 경우가 많습니다. 경쟁력에서 이기려면 강한 것을 써야 승리할 가능성이 많기 때문입니다. 약한 것을 살리고자 노력한다면 힘만 소모될 뿐이고 성과는 미미하므로 이러할 때는 약한 것을 버리는 지혜가 필요합니다.

결핍은 세력의 균형을 도모하고, 기세의 균형은 성장을 도모합니다.

❷ 용희기한신用喜忌閑神

억부용신을 정하고 나면 용신에 영향을 주는 오행이나 육신을 희신, 기신, 한신이라고 합니다.

(1) 용신用神

용신은 사주의 균형을 조절하는 역할을 하므로 핵심적인 성분이 됩니다.
많거나 강한 것은 억抑하여 덜어주거나 극제하며, 적거나 약한 것은 부扶하여 보태주거나 생하여 균형을 조절하게 됩니다.

용신이 자신의 역할을 충실히 한다면 명주는 순조로운 삶을 산다고 할 수 있지만, 기신이 작용하여 용신의 역할을 방해한다면 격랑 속에 휩쓸리는 신세가 되기도 하므로 인생의 길흉은 용신과 기신의 손에 달려있다고 합니다.

용신이 강하다면 설기하는 오행이나 육신이 희신이 될 것이고
용신이 약하다면 생하여 주는 오행이나 육신이 희신이 될 것입니다.

용신이 강하다면 강한 용신의 기운을 설기하여 균형을 맞추어야 하며
용신이 약하다면 용신을 생하거나 도와주어야 합니다.

용신이 강하다면 용신을 설기하는 희신을 극하는 오행이나 육신이 기신이며
용신이 약하다면 용신을 도와주는 희신을 극하는 오행이나 육신이 기신이 될 것입니다.

사주구조에 따라 용신, 희신, 기신이 다를 것이며, 한신은 때로 희신이 되기도 하고 기신이 되기도 합니다.

(2) 희신喜神

용신을 도와주는 오행이나 육신을 희신이라고 합니다. 용신이 부족하다면 생하여 기운을 북돋아주고, 용신이 넉넉하면 용신을 설기하여 용신을 가볍게 하여주는 역할을 희신이라고 합니다.

木이 용신인데 木이 부족하다면 水가 용신의 기세를 돕는 희신이며, 木용신이 넉넉하다면 설기하여주는 火가 희신이 되는 것입니다. 그러므로 희신은 용신을 생하거나 설기하는 오행이 되어야 할 것입니다.

(3) 기신忌神

기신은 용신과 희신의 할 일을 방해하는 오행이나 육신으로 나쁜 영향을 미치는 흉신이라고 할 수 있습니다.

木이 강한 용신이라면 火가 희신이고 金이나 水가 기신이 됩니다. 木용신이 강한데 水가 생하면 더욱 강해지며 설기하는 火희신을 극하는 기신이 됩니다. 또한 金은 왕木을 극하여 분노하게 하므로 귀찮은 일이 자주 생기며 일이 지체가 됩니다.

木이 약한 용신이라면 水가 희신이고 土나 金이 기신이 됩니다. 기신을 없애지 못한다면 매사 일이 지체되고 피해만 생기게 됩니다.

(4) 한신閑神

용신과 희신 그리고 기신을 제외한 나머지는 모두 한신이라고 합니다. 한신은 용신이나 기신에 관여하지는 않지만 간접적인 영향을 끼치므로 때로는 용신이나 희신을 돕지만 때로는 기신을 돕는 작용도 합니다.
한두 개의 한신은 움직이지 않도록 내버려두어야 하며, 요긴하게 쓸 때는 내 편으로 만들어야 한다. - 적천수 -

시	일	월	년	구분
丙	甲	戊	庚	천간
寅	寅	子	寅	지지

丙	乙	甲	癸	壬	辛	庚	己	대운
申	未	午	巳	辰	卯	寅	丑	

적천수천미 한신편에 나오는 명조입니다.

子월생이고 지지에 寅木이 세 개로 水木의 세력이 강하고 火土金의 세력이 상대적으로 약합니다.

木이 강하므로 설기하거나 극하는 오행이 용신이 됩니다.

庚金은 뿌리조차 없으므로 매우 미약하여 木을 극하지 못하므로 용신으로 쓸 수 없습니다. 그러므로 설기하는 丙火를 억부용신으로 합니다.

● 희신은 용신을 도와주거나 보호하여주는 오행이나 육신입니다.

용신인 丙火는 사주에서 세력이 강하다고 하지만 겨울의 火기가 본래 약하므로 木기를 희신으로 하여 도와주어야 합니다.

● 기신은 용신을 극하는 오행이나 육신입니다.

丙火를 억부용신으로 쓰므로 용신과 희신을 극하는 金水가 기신의 역할을 하게 됩니다.

● 土기는 한신이라고 할 수 있습니다.

土기가 기신인 水기를 극하면 희신의 역할이 되며

土기가 기신인 金기를 생하면 기신을 도와주는 역할을 하게 됩니다.

대운이 木火운으로 흐르며 용신이 발전하여 乙未대운에 용신과 희신을 도와 상서까지 올라 귀하게 된 명조라고 합니다.

시		일		월		년		구분
庚		甲		丁		甲		천간
午		寅		卯		子		지지
乙	甲	癸	壬	辛	庚	己	戊	대운
亥	戌	酉	申	未	午	巳	辰	

적천수천미 한신편에 나오는 명조입니다.

卯월이고 지지에 寅卯와 년간 甲木비견으로 木의 세력이 강하므로 이를 극제하는 庚金이나 왕기를 설기하는 丁火상관을 억부용신으로 하는 것이 적합합니다.

강한 木을 억제하는 庚金은 뿌리조차 없어 미약하므로 용신으로 삼기 어려우므로 강한 木을 설기하는 丁火를 억부용신으로 합니다.

용신 丁火는 卯월에 아직 미약하므로 용신을 돕는 木을 희신으로 정하게 됩니다. 용신 火를 극하는 水와 희신 木을 극하는 金이 기신이며 土는 한신이 됩니다.

庚午 辛未대운에 丁火용신이 기신인 庚辛金 관살을 극제하니 관찰의 벼슬까지 하였으나 壬申대운에는 한신인 土기가 없어 기신인 水기를 막지 못하여 丁火용신이 합거되어 용신의 역할을 못하니 재난이 끊이지 않았다고 합니다.

희신이 드러나 있으면 운에서 쟁탈작용이 일어나며, 기신이 감추어져 있으면 호랑이를 기르는 것과 같으며, 한신은 필요할 때 내 편이 되니 없애지 말아야 쓸모가 있다. - 적천수 -

02 억부용신의 선정

기본개념

◆ 억부의 방법은 설기, 손상, 방조, 상생이 있습니다.

억		부	
설기	손상	방조	상생

◆ 억부용신은 기세를 중시하는 관법입니다.

일간의 기세		오행의 기세	
신강	신약	왕쇠	강약

● 억부용신은 기세의 중심점입니다.

기세의 중심점을 통하여 사주 전체의 균형과 조화를 꾀하는 역할을 하는 것이 억부용신입니다. 이러한 기능을 수행하지 못하면 억부용신이 될 수 없습니다.

핵심 Tip

● 억부용신은 강하여야 합니다.

기세가 다소 부족하여도 운에서 조금만 도와준다면 사주에서 기세가 강한 오행이나 육신과 대적할 만한 가능성이 있는 오행이나 육신이 억부용신으로 결정됩니다.

1 억부의 방법

억		부	
설기	손상	방조	상생

적천수천미를 지은 임철초는 억부의 방법을 설기洩氣, 손상損傷, 방조幫助, 상생相生의 네 가지로 분류하고 이를 수행하는 오행이나 육신으로 억부용신을 선정하여 사용해야 된다고 강조합니다.

◆ 일간중심의 억부

신강	억	설기	식상으로 힘을 빼주는 것
		손상	관살로 극제하여 손상하게 하는 것
신약	부	방조	비겁으로 도와주는 것
		상생	인성으로 생하여 주는 것

◆ 오행중심의 억부

오행의 태과	**하나의 오행이 너무 강하다면** 강한 힘을 빼는 것이 설기이며 => 목생화 극제하여 손상시켜야 합니다. => 금극목
오행의 불급	**하나의 오행이 너무 약하다면** 같은 오행으로 도와주는 것이 방조이며 => 목생목 생하여 도와주는 것이 상생입니다. => 수생목

◆ 설기나 손상 또는 방조나 상생이 이로울 경우

신강	설기가 이로운 경우	관살이 없고 비겁의 세력이 강할 때
	손상이 이로운 경우	관살을 생하여 비겁을 손상할 때
신약	방조가 이로운 경우	재성이 강할 때 비겁으로 방조
	상생이 이로운 경우	관살이 강할 때 인성으로 상생

● 신강하다면 설기와 손상하는 방법이 抑抑하는 것입니다.
설기란 힘을 빼는 것으로 식신이나 상관을 용신으로 쓰게 됩니다.
손상이란 극제를 하는 것으로 관살을 용신으로 쓰는 방법입니다.

관살이 보이지 아니하고 비겁이 가득하다면 식상으로 설기하는 것이 이롭습니다. 관살로 손상하면 비겁의 세력을 자극하여 오히려 피해가 막심해집니다. 관살이 미약한데 식상을 쓴다면 관살이 상하므로 설기가 해롭습니다. 그러나 미약한 관살을 생조하여 비겁을 손상한다면 효과적입니다.

● 신약하다면 방조와 상생의 방법이 扶扶하는 것입니다.
방조란 도와주는 것으로 비견이나 겁재를 용신으로 쓰게 됩니다.
상생이란 생하여 주는 것으로 인성을 용신으로 쓰는 방법입니다.

재성이 강한데 인성으로 상생하면 재성이 인성을 극파하니 오히려 해롭게 됩니다. 그러나 비겁으로 방조하여 재성을 억제하면서 일간의 기운을 도와주게 됩니다.

관살이 강한데 비겁으로 방조하면 관살이 비겁을 극파하니 오히려 해롭게 됩니다. 그러나 인성으로 상생하면 관살의 세력을 인화하여 일간을 도우니 좋게 됩니다.

◆ 신강한데 설기보다는 손상하여 주는 것이 이로운 사례

시		일		월		년		구분
甲		庚		庚		丁		천간
申		子		戌		丑		지지
壬	癸	甲	乙	丙	丁	戊	己	대운
寅	卯	辰	巳	午	未	申	酉	

적천수천미 형전형결편에 나오는 명식입니다.

戌월은 가을의 계절이므로 金기가 강하고 비견이 있으니 신강합니다. 申子 水국 식상으로 강한 金비겁을 설기하는 용신을 쓰면 丁火관성이 상하므로 월지 戌중에서 투출한 丁火관성으로 金기를 손상하는 억부용신으로 하고 甲木재성이 용신을 생하는 희신이 됩니다.

己酉 戊申대운에는 丁火용신을 어둡게 하는 기신운으로 어려움이 많았다고 하나, 丁未 丙午대운은 용신을 방조하여 힘을 받으니 가업이 번창하였다고 합니다.

◆ 신강한데 손상보다 설기하여주는 것이 이로운 경우

시		일		월		년		구분
乙		庚		壬		戊		천간
酉		申		戌		申		지지
庚	己	戊	丁	丙	乙	甲	癸	대운
午	巳	辰	卯	寅	丑	子	亥	

적천수천미 형전형결편에 나오는 명식입니다. 戌월 가을에 金기가 강하므로 壬水를 억부용신으로 하여 설기하게 됩니다. 그러나 년간 戊土인성이 기신이 되어 붙어있으니 불안합니다. 水운에 용신을 도와 삶이 평화로우나, 木운에는 戊土기신을 자극하여 壬水용신을 극파하니 의식주도 해결하기 어려워 자살하였다고 합니다.

◆ 신약한데 비겁으로 도와주어야 하는 경우

시		일		월		년		구분
乙		丙		辛		庚		천간
未		辰		巳		申		지지
己	戊	丁	丙	乙	甲	癸	壬	대운
丑	子	亥	戌	酉	申	未	午	

적천수천미 형전형결편에 나오는 명식입니다.

巳월생이지만 金재성의 세력보다 약하므로 재다신약이 되어 비겁으로 방조하여야 합니다.

甲申 乙酉대운에 재성의 세력이 강해지고 인성이 극파 당하며 재산손실과 고통이 심하였으나, 丙戌 丁亥대운에 일간을 비겁으로 방조하여 돕고 재성을 설기하여 가문을 다시 일으켜 세웠다고 합니다.

◆ 신약한데 비겁으로 도와주면 오히려 해로운 경우

시		일		월		년		구분
壬		丙		癸		壬		천간
辰		午		丑		子		지지
辛	庚	己	戊	丁	丙	乙	甲	대운
酉	申	未	午	巳	辰	卯	寅	

적천수천미 형전형결편에 나오는 명식입니다. 丑월생이 水관살의 세력이 강하므로 木인성으로 설기하는 억부용신으로 써야하나 木이 쇠약하여 어쩔 수 없이 火비겁으로 억부용신을 쓰나 오히려 해롭게 됩니다.

甲寅 乙卯대운에는 水기를 설기하여 평화스러웠으나 丙辰대운에는 子辰이 합하여 水가 촉발하여 처자식을 모두 잃고 파산되고 申년 세운에는 申子辰 水국이 되어 일간이 견디지 못하고 죽었다고 합니다.

❷ 기세의 판단

◆ 억부용신에서는 기세 판단이 가장 중요합니다.

일간 기준		오행 기준	
신강	신약	왕쇠	강약

기세 판단은 일간을 기준으로 신강 신약을 판별하는 것과 오행을 기준으로 사주 전체의 기세를 판단하는 것으로 구분 할 수 있습니다.

(1) 일간 기준

◆ 신강 신약은 어느 쪽의 기세가 더 강한가에 따라 결정됩니다.

신강	인성 + 비겁 > 식상 + 재성 + 관성
신약	인성 + 비겁 < 식상 + 재성 + 관성

인성과 비겁의 세력이 식재관의 세력보다 강하면 신강하다고 합니다. 인비의 세력보다 식재관의 세력이 강하다면 신약하다고 합니다.

신강 신약의 억부용신은 일반적으로 많이 쓰는 편입니다. 이는 현대의 사주명리가 일간을 위주로 하는 관법이기에 그러합니다. 적천수천미의 저자 임철초도 신강 신약에 의한 억부용신을 강조하는 편입니다.

신강한 경우에는 인비의 세력을 설기하거나 손상하여 세력을 식재관과 비등하게 조절하여야 하므로 식재관에서 가장 강한 오행이나 육신을 억부용신으로 선정하게 됩니다.

신약한 경우에는 반대로 인비의 세력에서 가장 강한 오행이나 육신으로 억부용신을 선정하여 균형을 조절하게 됩니다.

● 신강 신약의 판단이 어렵다면 중화된 사주입니다.

어느 쪽으로도 치우치지 아니하였다면 중화된 사주라고 할 수 있습니다. 그러나 중화된 사주일지라도 대운이 어느 방향으로 흐르느냐에 따라 삶의 굴곡이 생기는 것이니 주의하여 살펴보아야 합니다.

중화된 사주는 삶의 기복이 크지 아니합니다. 대개 평탄한 삶을 사는 일반 서민 모습에서 많이 볼 수 있습니다. 큰 욕심이 없으며 환경의 영향을 많이 받지 아니합니다. 그러므로 큰일을 하는 사람들에게는 오히려 중화된 사주가 좋다고 할 수 없습니다. 중화된 사주는 욕망이 작기에 그러합니다. 욕망이 크다면 사주가 치우쳐야 합니다. 없고 부족한 것이 많아야 욕망을 일으키기 때문입니다.

● 신강 신약은 오행의 숫자로 판단하면 오류가 생깁니다.

일반적으로 신강 신약을 판단함에 오행의 숫자로 판단하는 경우가 있으나 이는 단순판단으로 자칫 큰 오류를 범할 수 있습니다. 오행의 숫자가 아닌 왕쇠 강약으로 판단하여야 정확한 판단을 할 수 있습니다.

시	일	월	년	구분
甲	甲	甲	甲	천간
戊	戊	戊	戊	지지

甲木이 월령을 득하지 못하고 지지 세력이 없어 신약하다고 합니다.

시	일	월	년	구분
戊	甲	丙	甲	천간
辰	寅	寅	寅	지지

甲木이 월령을 득하고 지지의 무리로 기세가 강하므로 신강하다고 합니다.

(2) 오행 기준

● 기세의 주요판단기준은 왕쇠강약입니다.

왕쇠旺衰는 기적 요소이며 강약強弱은 세력적 요소입니다.

왕쇠가 양이라면 강약은 음이라고 할 수 있고, 왕쇠가 정신적인 요소라면 강약은 신체적인 요소라고 할 수 있습니다.

왕쇠	양, 기氣, 무형적, 정신, 계절, 왕상휴수
강약	음, 세勢, 유형적, 신체, 세력, 통근투출

● 왕쇠의 주요기준은 월령의 계절입니다.

왕상휴수는 봄, 여름, 가을, 겨울의 사상에서 비롯됩니다. 천간의 왕상휴수는 계절적 왕쇠입니다. 월령이 중요한 이유는 왕쇠 판단의 주요기준으로 계절의 기운이기 때문입니다.

◆ 왕상휴수의 사상, 천간, 지지의 관계

사상四象	봄	여름	가을	겨울
월령기운	木	火	金	水
지지地支	寅卯辰	巳午未	申酉戌	亥子丑
甲乙	왕旺	휴休	수囚	상相
丙丁戊己	상相	왕旺	휴休	수囚
庚辛	수囚	상相	왕旺	휴休
壬癸	휴休	수囚	상相	왕旺

사계四季는 土왕절로서 辰戌丑未월을 말하며 土월령을 갖습니다.

◆ 왕상휴수를 12지지로 세분한 것이 오행의 12운성입니다.

구분		木		火		土		金		水	
봄	寅	왕	록	상	생	상	생	수	절	휴	병
	卯		왕		욕		욕		태		사
	辰		쇠		대		대		양		묘
여름	巳	휴	병	왕	록	왕	록	상	생	수	절
	午		사		왕		왕		욕		태
	未		묘		쇠		쇠		대		양
가을	申	수	절	휴	병	휴	병	왕	록	상	생
	酉		태		사		사		왕		욕
	戌		양		묘		묘		쇠		대
겨울	亥	상	생	수	절	수	절	휴	병	왕	록
	子		욕		태		태		사		왕
	丑		대		양		양		묘		쇠

오행의 12운성은 기의 왕쇠를 판단하는 기준이므로, 양간 음간을 구분하지 아니합니다.
甲木이나 乙木이나 모두 木기로서, 오행의 십이운성을 동일하게 적용 합니다.
12운성의 용법에는 오행의 십이운성과 양간 음간의 십이운성이 있습니다.
양간은 순행하고 음간은 역행하므로 음생양사 양생음사의 이론을 적용하지만 오행의 십이운성은 음양간을 구분 하지 아니합니다.

기의 왕쇠를 판정하는 왕상휴수에서는 오행의 12운성을 적용합니다.
甲木이나 乙木이나, 모두 亥水에서 생生을 하고 午火에서 사死 합니다.
음양간의 12운성의 용법은 왕쇠판정에 사용되지 아니 합니다.

강약은 세력이고 세력은 무리의 결집에서 나옵니다.
지지에 뿌리가 깊다면 강하다고 합니다.

뿌리는 지지의 통근을 말합니다. 지지에 통근되었으면 뿌리가 있다고 합니다.
삼합과 방합의 요소가 뿌리가 되며 록왕지에 뿌리가 있으면 뿌리가 깊다고 합니다.

木기인 甲乙木은 寅卯辰에 뿌리가 깊은 것이고, 亥未는 뿌리가 깊다고 하지 않으며 그 외에 지지에는 甲乙木의 뿌리가 없다고 합니다.

火기인 丙丁火는 巳午未에 뿌리가 깊다고 하며 寅戌에는 뿌리가 깊다고 하지 않으며 그 외의 지지에는 丙丁火의 뿌리가 없다고 합니다.

土기인 戊己土는 辰戌丑未巳午에 뿌리가 깊다고 하며 寅申亥에는 뿌리가 깊다고 하지 않으며 그 외의 지지에는 戊己土의 뿌리가 없다고 하는 것입니다.
金기인 庚辛金은 申酉戌에 뿌리가 깊다고 하며 巳丑에는 뿌리가 깊다고 하지 않으며 그 외의 지지에는 庚辛金의 뿌리가 없다고 합니다.
水기인 壬癸水는 亥子丑에 뿌리가 깊다고 하며 申辰에는 뿌리가 깊다고 하지 않으며 그 외의 지지에는 壬癸水의 뿌리가 없다고 합니다.

◆ 강약의 주요기준은 통근의 뿌리입니다.

강	천간은 방합, 삼합으로 강한 세력을 형성합니다. 천간은 지지의 세력이 무리를 이루면 강합니다. 천간이 없어도 지지의 세력만으로도 강합니다.
약	천간이 지지에 뿌리가 없다면 세력이 약합니다. 천간이 많아도 지지의 세력이 없으면 약합니다.

◆ 지지에 방합이 있다면 강한 세력을 형성합니다.

시	일	월	년	구분
己	戊	丁	甲	천간
未	辰	卯	寅	지지

적천수천미 방국편에 나오는 명식입니다.

지지에 寅卯辰 방합세력이 있습니다. 寅卯辰 방합세력은 木의 세력이고 未土 또한 亥卯未 삼합의 木의 세력이므로 년간 甲木의 세력이 사주에서 가장 강한 세력이라고 합니다.

丁火는 寅木과 未土에 세력이 있습니다. 寅木은 寅午戌 火기의 삼합 세력이므로 火기의 세력입니다. 未土는 巳午未의 火기 방합세력이므로 역시 火기의 세력이 되는 것입니다. 戊己土는 辰土와 未土에 세력이 있습니다. 辰土의 정기 戊土와 未土의 정기 己土가 있기 때문입니다.

이 사주에서 가장 강한 세력은 寅卯辰방합과 未土의 세력을 함께 가지고 있는 甲木입니다. 그 다음의 세력은 辰未의 정기를 가지고 있는 戊己土이며 그 다음은 丁火로 가장 약합니다.

甲木칠살의 세력이 왕강하고 火土인비의 세력 역시 강하니 이를 신살양정身殺兩停이라고 합니다. 신살양정이란 일간의 세력과 칠살의 세력이 서로 같다는 뜻으로 부귀한 격이라고 합니다.

참고 Tip

두 개의 세력이 비등하면서 강하다면 부귀격이 됩니다.
신살양정身殺兩停은 일간과 칠살의 세력이 같은 것이고
신왕재왕身旺財旺은 일간과 재성의 세력이 같은 것입니다.

◆ 지지에 삼합이 있다면 역시 강한 세력을 형성합니다.

시	일	월	년	구분
癸	乙	乙	甲	천간
未	卯	亥	寅	지지

적천수천미 방국편에 나오는 명식입니다.

지지에 亥卯未 木삼합세력이 있습니다. 천간에 甲乙木과 년지 寅木의 세력으로 사주가 木기로 왕강합니다. 木기를 거스르는 세력이 없으므로 木기를 전왕용신으로 하는 종왕격으로 성격이 됩니다.

亥卯未는 水木火의 세력이 木기의 목적을 가지고 출발한 것입니다.
그러므로 木기의 세력이 강하고 水기와 火기의 세력을 결집하여 木기의 목적을 달성하고자 하는 의지가 강하다고 볼 수 있습니다. 亥월 출생이고 癸水의 투출은 이상적인 조건을 만들고 있습니다.

시		일		월		년		구분
丁		乙		丁		甲		천간
亥		未		卯		寅		지지
乙	甲	癸	壬	辛	庚	己	戊	대운
亥	戌	酉	申	未	午	巳	辰	

적천수천미 방국편에 나오는 명조입니다.

지지에 亥卯未 삼합이 있고 寅木도 있어 木기의 세력이 매우 강합니다.
강한 木기의 세력을 설기하는 丁火상관을 억부용신으로 합니다.

운로가 火기로 흘러야 용신이 힘을 받습니다. 巳午未 火운에는 용신운이므로 과거에 급제하고 벼슬길이 평탄하였으나 金운인 壬申대운에는 丁火용신이 합거를 당하고 군대에서 죽었다고 합니다.

⊙ 방합과 삼합의 기세

◆ 방합이나 삼합이 월령을 포함하면
기세가 있다고 합니다.
월령을 포함하지 아니하면 세력만 있다고 합니다.

시	일	월	년	구분
己	戊	丁	甲	천간
未	辰	卯	寅	지지

寅卯辰 木의 방합세력으로 木의 기세가 강하다고 합니다.

시	일	월	년	구분
戊	丙	乙	甲	천간
戌	午	亥	寅	지지

寅午戌 세력은 水월령에서 기세는 없고 세력만 강하다고 합니다.

● 월령의 기와 지지의 세력이 합쳐야 기세가 강한 것입니다.
월령의 기가 투출하지 못하면 기세를 얻지 못한 것으로 무리를 이룬 강한
세력을 따라가야 능력을 발휘할 수 있습니다.

❸ 왕자충쇠쇠자발 쇠신충왕왕신발

왕한 것이 쇠약한 것을 충하면 쇠약한 것은 뿌리째 뽑히고
쇠약한 것이 왕한 것을 충하면 왕한 것은 발전한다.- 적천수 -

적천수에서 주장하는 개념으로 왕쇠의 충 관계를 규정하고 있습니다.
왕한 것이 쇠약한 것을 충하면 쇠약한 것은 뿌리째 뽑히지만, 쇠약한 것이 왕
한 것을 충하면 왕한 것은 오히려 발전한다는 개념입니다.

시		일		월		년		구분
癸		丙		辛		戊		천간
巳		午		酉		辰		지지
己	戊	丁	丙	乙	甲	癸	壬	대운
巳	辰	卯	寅	丑	子	亥	戌	

적천수천미 지지편에 있는 명조입니다.
酉월 가을에는 일간 丙火는 퇴기하는 기운이므로 쇠약하고 지지에 巳午火의
세력이 있으나 巳火는 巳酉합으로 金기편이고 木기가 없어 火기를 생하지 못
하니 식재관의 세력인 土金水보다는 약하므로 신약하여 **午火를 억부용신**으
로 합니다.

亥子丑 겨울 대운에는 丙火의 세력이 극도로 약해지는 때이며 월령 金기를 설
기하는 甲子대운은 水기가 매우 왕한 대운입니다. 甲木이 있으나 쇠약하여 丙
火를 생하기에는 역부족입니다.

대운 子水가 일지 午火를 충하니 왕자충쇠쇠자발이 되어 일지 午火가 뿌리째
뽑혀 파산하고 사망하였다고 합니다.

시		일		월		년		구분
癸		丁		壬		庚		천간
卯		卯		午		寅		지지
庚	己	戊	丁	丙	乙	甲	癸	대운
寅	丑	子	亥	戌	酉	申	未	

적천수천미 지지편에 있는 명조입니다.

午월 여름생으로 월령은 火기입니다. 년지에 寅木이 있어 寅午합으로 火기의 기세를 더하여 신강하다고 합니다.

천간의 庚金과 壬癸水는 뿌리가 없어 미약합니다. 지지에 뿌리가 없는 것은 세력이 없다는 것입니다. 세력이 없으니 힘이 없습니다. 金水재관이 午월에 휴수되어 힘이 없다고 이야기합니다.

丁火는 힘이 강하고 재관은 힘이 없으니 火기에 따라가는 명이지만 운에서 金水운이 온다면 세력의 균형으로 부귀할 수 있는 명조입니다.

甲申 乙酉대운에 재관의 세력이 강해지며 金운에 약하여진 寅卯木과 충을 하게 되니 이른바 쇠신충왕왕신발의 효과로 庚金재성이 대발하여 스스로 창업하여 수많은 재물이 생겼다고 합니다.

핵심 Tip

• 왕쇠는 기氣의 성쇠盛衰입니다.
기는 월령의 기를 뜻하며 대운의 기를 뜻하기도 합니다.
대운의 기는 월령의 기가 변화하는 과정입니다.

④ 중화된 사주

• 억부용신의 주안점은 중화에 있습니다.
중화라고 하는 것은 명리에 있어서의 정확한 이치라고 합니다. 이미 중화의 바른 기운을 얻은 사주라면 용신이 없다고 할 수 있습니다.

• 중화된 사주를 가지고 있는 경우
일평생을 살면서 유유자적하고 억울한 것이 없이 모든 일이 성사되는 사람, 험난한 일이 적고 길한 방향으로 진행되는 사람, 부모님께 효성스럽고 형제간에 우애가 있으며 교만하거나 아첨하지 않는 사람, 마음이 강직하고 구차하게 살아가지 않는 사람들은 모두 다 중화된 바른 기운을 갖고 있다고 합니다.

• 사주에 결함이 있는 경우
신약한데 왕성한 운에서 부귀해지는 사람, 또는 신강한데 쇠약한 운에서 도리어 부귀해지는 사람들은 사주의 부족한 부분을 운에서 도와주기 때문입니다.

부귀한 사람 앞에서 아첨하고 가난하고 곤궁한 사람 앞에서는 교만한 사람도 있는데, 이러한 사람들은 반드시 사주의 기운이 한쪽으로 치우쳐 오행이 그 바름을 얻지 못하기 때문에 마음이 간사하고 탐욕스러우며 하는 일을 할 때는 늘 요행이나 바라게 된다고 합니다.

사주에 결함이 있다는 것은 중화가 안 되어 병이 있다는 것이며 용신이 약이 되어 치료하여야 합니다. 중화가 된 사주는 병이 없는 사주로서 용신을 판단하기가 어려운 것입니다. 중화가 안 되어 있다면 용신을 찾아 중화를 시켜야 하는데 이는 마치 병을 치료하는 약을 찾는 것과 같다고 할 수 있습니다.

시		일		월		년		구분
癸		癸		甲		辛		천간
亥		卯		午		巳		지지
丙	丁	戊	己	庚	辛	壬	癸	대운
戌	亥	子	丑	寅	卯	辰	巳	

적천수천미 중화편에 나오는 명식입니다.

이 사주는 午월생으로 火土기 월령이 왕한 계절이지만 월지에서 투출한 천간이 없으므로 甲木과 巳火로 월령을 보조하여 金水의 세력과 균형을 이루어 중화가 되었으므로 사람됨이 지식이 매우 깊고 재주가 탁월하여 글 솜씨가 주옥처럼 빛이 났다고 합니다.

庚寅운에는 높은 지위에 올라갔으며 이름을 날렸으나 亥卯가 합하여 木기가 왕하므로 金기가 쇠약하게 되니 후손이 없는 것을 면하지 못한 막보제 선생의 명조라고 합니다.

시		일		월		년		구분
戊		癸		丙		己		천간
午		未		子		酉		지지
戊	己	庚	辛	壬	癸	甲	乙	대운
辰	巳	午	未	申	酉	戌	亥	

적천수천미 중화편에 나오는 왕관찰의 명조입니다.

癸水일간이 子월에 태어나 왕한 것처럼 보이나 火재성과 土관살이 지나치게 무겁고 혼탁하여 신약하다고 합니다.

金水운에 일간을 도와 癸酉대운에서 좋은 기회를 만나 관찰사로 올랐으나 火土재관이 혼탁하여 위인이 사치하고 호사스러움을 좋아해서 未土운에 재앙을 면하지 못합니다.

⑤ 월령의 기운

월령의 기는 가장 강합니다.
사주의 연월일시의 지지 중에 가장 강한 기운을 가지고 있는 것이 월령입니다. 월령은 태어난 계절이므로 인간은 자연의 환경에 따라야 함을 말해주고 있는 것입니다. 월령을 득하는 것이 기세를 얻는 가장 중요한 이유입니다.

천간이 월령의 세력을 얻으면 강하다고 합니다.
월지에서 투출한 천간이나 월지에 뿌리를 둔 천간은 월령을 득하였다고 하여 기세가 강한 천간이 됩니다.

월령이 천간에 투출하지 못하였다면 강하다고 하지 않습니다.
월령도 천간에 투출하고 지지에 방합이나 삼합 등의 세력을 가져야 강하다고 합니다. 투출하지도 못하고 홀로 있는 월지는 강하다고 하지 아니합니다.

월령이 세력을 얻지 못하면 월령을 포기하기도 합니다.
월령도 무리의 세력을 얻어야 강해집니다. 사주에 월령보다 강한 세력이 있다면 월령을 포기하고 세력을 따르기도 합니다.

왕쇠는 월령의 기와 대운의 기로 판별합니다.
사주팔자의 왕쇠는 월령의 기로 판별이 되고 세월의 왕쇠는 대운의 기로 판별합니다.

사주의 木월령이 대운의 金운을 지나면서 약해지는 것은 사람이 나이를 먹어가며 늙는 것과 마찬가지입니다.

왕旺하다는 것은 월령의 기를 얻은 것이며,
강強하다는 것은 세력을 얻었다는 것입니다.

◆ 월령을 얻었으나 왕하지 않은 경우

시	일	월	년	구분
辛	甲	戊	庚	천간
未	申	寅	申	지지

적천수천미 격국편에 나오는 명식입니다.

寅월은 木이 왕한 계절이지만 사주에 金기가 너무 강하므로 월령이 힘을 쓰지 못합니다. 또한 火식상이 없어서 金기를 억제할 수 없으니 귀하게 되지 못하고 土재성이 金관살을 생하여 재생살이 되므로 요절하는 명이라고 합니다.

시	일	월	년	구분
己	丙	辛	己	천간
丑	寅	未	丑	지지

적천수천미 격국편에 나오는 명식입니다.

未월생으로 월령 火기를 득하였으나 土金기의 세력이 강하여 신약하므로 寅 중 甲木인성을 억부용신으로 하여 일간을 도와야 합니다. 丁卯 丙寅대운에 부귀하였다고 합니다.

시	일	월	년	구분
己	丙	己	戊	천간
丑	戌	未	申	지지

적천수천미 격국편에 나오는 명식입니다.

丙火일간이 未월에 나서 월령 火기를 얻었으나 土기 식상의 세력이 강하여 신약하므로 未중 丁火를 억부용신으로 하여 일간을 방조하여야 합니다. 아쉽게도 운이 金水서북으로 흐르며 일간을 돕지 못하니 癸亥대운에 중이 되었다고 합니다.

◆ 월령을 얻지 못하였으나 쇠약하지 않은 경우

시	일	월	년	구분
乙	甲	甲	庚	천간
亥	寅	申	寅	지지

적천수천미 격국편에 나오는 명식입니다.

가을木이 비록 쇠약하지만 木의 뿌리가 깊다면 역시 강한 것인데 천간에 甲乙
이 있고 지지에 寅卯가 있다면 金월령에 관살을 만나도 능히 감당할 수 있답니
다. 월령을 얻지 못하여도 세력으로 강한 것입니다. 水인성으로 통관하는 용신
을 써야 할 것입니다.

시	일	월	년	구분
庚	庚	丙	己	천간
辰	申	寅	酉	지지

적천수천미 격국편에 나오는 명식입니다.

寅월생으로 월령을 얻지 못하여도 비견이 있고 申酉金 세력으로 신강하므로
水식상으로 설기하는 억부용신이 되어야 합니다. 북방 水운은 좋았으나 서방
金운으로 들어서면서 辛酉대운에 죽었다고 합니다.

시	일	월	년	구분
乙	戊	己	壬	천간
卯	戊	酉	戊	지지

적천수천미 격국편에 나오는 명식입니다.

酉월생으로 월령을 얻지 못하여도 己土겁재와 지지에 戊土세력이 있어 壬水재
성과 乙木관성보다 약하지 아니하여 오히려 신강하므로 乙木관성을 억부용신
으로 합니다.

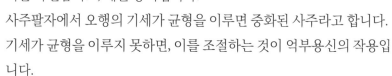

⊙오행의 기세

• 월령의 왕쇠 기운을 氣라고 하며,
  무리의 강약 기운을 勢라고 합니다.
  기는 자신감이고, 세는 능력입니다.
  사주팔자에서 오행의 기세가 균형을 이루면 중화된 사주라고 합니다.
  기세가 균형을 이루지 못하면, 이를 조절하는 것이 억부용신의 작용입
  니다.

• 오행의 기세는 균형을 이루면서,
  운과 함께 유통되어 흘러야 부귀격이 됩니다.
  균형을 이루지 못하고 흐르지 못하면, 막히고 지체되어
  어려운 삶을 살게 됩니다.
  기세가 하나의 오행으로 치우치면, 이를 전왕용신이라고 합니다.
  오행의 기세는 신강 신약과 다른 개념입니다.

03 일간 중심의 억부용신

⊙ 일간의 강약

신강	신강	식재관보다 인비가 강한 경우
	극신강	인비로만 구성되어 있는 경우
신약	신약	인비보다 식재관이 강한 경우
	극신약	식재관으로만 구성되어 있는 경우

신강과 신약은 인비와 식재관이 섞여 서로 경쟁을 하는
구도이지만
극신강은 식재관이 없는 경우로서 인비로만 구성되어
있으며
극신약은 인비가 없는 경우로서 식재관으로만
구성되어 있습니다.

◆ 신강 신약의 용신 판별법

신강	신강	식재관에서 용신을 구함
	극신강	인비에서 용신을 구함
신약	신약	인비에서 용신을 구함
	극신약	식재관에서 용신을 구함

인비대 식재관의 구조에서 일간 중심의 억부용신을 구합니다.
약한 편에서 가장 강한 오행이 용신이 됩니다.

① 신강 신약의 억부용신

● 왕쇠강약의 조절은 자평명리의 기본 이론입니다.

왕한 것은 설기시키고 극하여 손상하고, 쇠약한 것은 도와주고 생하는 것은 자평명리의 기본 이론이라고 적천수의 원주 유백온은 말합니다.

그러나 극도로 강한 것을 손상해서는 도리어 흉하게 되니 손상해서는 안 되며, 또한 극도로 쇠약한 것을 도와주면 역시 흉하게 되니 도와주어서는 안 된다고 합니다.

신강신약은 약한 편에서 용신을 찾지만, 극신강 극신약은 강한 편에서 용신을 찾게 됩니다.

극신강은 인비 이외에 식재관이 없는 상황이므로 억부의 조절이 안 되므로 인비에서 가장 강한 세력으로 용신을 삼게 됩니다.

극신약은 일간 이외에 인비가 없는 상황이므로 억부의 조절이 안되므로 식재관에서 가장 강한 세력으로 용신을 삼게 됩니다.

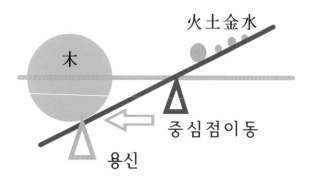

❷ 신강한 경우의 억부용신

시		일		월		년		구분
戊		甲		丁		甲		천간
辰		子		卯		辰		지지
乙	甲	癸	壬	辛	庚	己	戊	대운
亥	戌	酉	申	未	午	巳	辰	

적천수천미 쇠왕편에 있는 명조입니다.

卯월 양인격으로 甲木비견과 지지에 子辰 水인성세력으로 인비가 강하여 신강하다고 합니다. 丁火상관은 세력이 없어 미약하고 戊土재성이 辰土의 세력으로 인하여 강하므로 戊土재성을 용신으로 씁니다.

남방 火대운에는 부귀하였으나 서방 金대운에는 인성을 도와 처자식을 잃고 재산손실을 크게 보고는 癸酉대운에 죽었다고 합니다.

시		일		월		년		구분
庚		庚		己		壬		천간
辰		子		酉		申		지지
丁	丙	乙	甲	癸	壬	辛	庚	대운
巳	辰	卯	寅	丑	子	亥	戌	

적천수천미 쇠왕편에 있는 명조입니다.

酉월 양인격으로 인비의 기세가 강하여 신강한데 壬水식신이 지지에 申子辰 水삼합을 하고 있어 역시 강하므로 壬水식신으로 비겁을 설기하는 억부용신으로 합니다.

북방 水운에는 벼슬길이 좋았으나 癸丑대운에 己土기신을 도우니 재물의 손실이 많았다고 하며 동방 木대운에는 벼슬길이 순탄하고 편안하였다고 합니다. 이 경우는 강한 재성운에 발전합니다.

3 신약한 경우의 억부용신

시		일		월		년		구분
丙		戊		丙		甲		천간
辰		寅		寅		戌		지지
甲	癸	壬	辛	庚	己	戊	丁	대운
戌	酉	申	未	午	巳	辰	卯	

적천수천미 쇠왕편에 있는 명조입니다.

寅월생으로 甲木칠살이 투출하여 木기가 강합니다. 비록 丙火인성이 寅戌에 뿌리가 있으나 득령한 甲木에 비하여 약하므로 신약하다고 합니다. 신약하므로 丙火인성을 억부용신으로 하여 생조합니다.

丙火용신이 甲木칠살을 화하여 일간을 돕고 있으므로 동남방 木火운에 높은 벼슬까지 오르며 순탄하였다고 합니다. 특히 사주에 용신을 상하게 하는 기신이 없는 것이 특징이며 火용신이 金기를 억제하여 甲木을 보호하니 벼슬이 일취월장하였다고 합니다.

시		일		월		년		구분
癸		癸		甲		辛		천간
亥		卯		午		巳		지지
丙	丁	戊	己	庚	辛	壬	癸	대운
戌	亥	子	丑	寅	卯	辰	巳	

적천수천미 중화편에 있는 명조입니다.

甲木상관이 亥卯에 통근하고 火월령을 생하고 있으므로 일간이 신약하다고 합니다. 辛金인성을 억부용신으로 합니다.

庚寅운에 용신을 도와 일간을 생하고 상관으로 설기를 하니 높은 지위에 올랐지만 金기가 쇠약하여 자식이 없었다고 합니다.

④ 극신강한 경우의 억부용신

시	일	월	년	구분
乙	甲	乙	癸	천간
亥	寅	卯	卯	지지

								구분
丁	戊	己	庚	辛	壬	癸	甲	대운
未	申	酉	戌	亥	子	丑	寅	

적천수천미 쇠왕편에 있는 명조입니다.

卯월 양인격이면서 천간 지지에 木기 세력이 매우 강하면서 식재관이 없고 인비의 세력만 있으니 극신강하다고 합니다. 극신강한 오행이 용신이 되므로 木기가 전왕용신으로 됩니다.

水木대운이 길대운으로 조상의 유업으로 풍족하였고 亥子丑 水대운에 큰 재물을 벌었으나 서방 金대운에 木왕신을 배반하니 재산이 흩어지고 죽었다고 합니다. 극신강한 전왕용신은 운에서 극하면 흉하며 좋은 일이 없습니다.

시	일	월	년	구분
甲	丙	壬	乙	천간
午	戌	午	丑	지지

								구분
甲	乙	丙	丁	戊	己	庚	辛	대운
戌	亥	子	丑	寅	卯	辰	巳	

적천수천미 쇠왕편에 있는 명조입니다.

午월 양인격으로 火기 세력이 강합니다. 甲乙木인성과 壬水칠살은 뿌리가 미약하므로 극신강하여 火기가 전왕용신이 됩니다.

초반 辰巳운에는 壬水칠살을 생하여 고생하였으나 동방 木운에 좋은 기회를 만나 큰 재물을 벌었다고 합니다.

5️⃣ 극신약한 경우의 억부용신

시		일		월		년		구분
辛		甲		甲		乙		천간
未		申		申		丑		지지
丙	丁	戊	己	庚	辛	壬	癸	대운
子	丑	寅	卯	辰	巳	午	未	

적천수천미 쇠왕편에 있는 명조입니다.

申월에 金기 세력이 강하고 甲乙木비겁이 있지만 뿌리가 미약하여 극신약하므로 일간을 포기하고 辛金정관을 억부용신으로 합니다.

남방 火운에 용신을 극거하니 고통이 심하였으나 辛巳대운에는 용신을 도와 자수성가하여 큰 재물을 벌게 됩니다. 戊寅대운은 金기가 끊어지는 운으로 寅申충하여 용신의 뿌리가 뽑히니 죽었다고 합니다.

시		일		월		년		구분
丙		乙		己		己		천간
戊		酉		巳		巳		지지
辛	壬	癸	甲	乙	丙	丁	戊	대운
酉	戌	亥	子	丑	寅	卯	辰	

적천수천미 쇠왕편에 있는 명조입니다.

巳월에 火土의 세력이 강하고 乙木일간은 인비가 없고 지지에 뿌리도 없어 극신약하므로 일간을 포기하고 己土재성을 억부용신으로 합니다.

초반 戊辰대운은 재성운으로 부모의 유산이 많았으나 丁卯대운에 부모가 죽고 丙寅대운에 큰 재물을 벌었으나 처가 죽고 재물 손실도 많게 되어 희기신이 함께 하고 있는 운이라고 할 수 있습니다.

시		일		월		년		구분
辛		丁		丁		辛		천간
丑		酉		酉		巳		지지
己	庚	辛	壬	癸	甲	乙	丙	대운
丑	寅	卯	辰	巳	午	未	申	

적천수천미 쇠왕편에 있는 명조입니다.

酉월에 巳酉丑 삼합이 있고 金기가 강한데 일간 丁火는 비겁이 있다고 하여도 巳火가 金기에 합류하여 뿌리조차 쓰기 힘들어 극신약하므로 일간을 포기하고 辛金재성을 억부용신으로 합니다.

남방 火운은 기신을 도와 삶이 어려웠으며 癸巳 壬辰대운에는 용신을 도우니 좋은 기회를 만나 큰 재물을 벌게 되었답니다.

시		일		월		년		구분
壬		戊		甲		癸		천간
子		子		子		酉		지지
丙	丁	戊	己	庚	辛	壬	癸	대운
辰	巳	午	未	申	酉	戌	亥	

적천수천미 쇠왕편에 있는 명조입니다.

子월에서 壬癸水 재성이 투출하여 水기가 강하고 戊土일간은 뿌리도 없어 극신약하므로 일간을 포기하고 재성 水기를 억부용신으로 합니다.

癸亥대운은 평탄하였으며 壬戌대운에는 土왕하므로 용신을 극하여 재산 손실이 많았으며 辛酉 庚申대운에는 용신을 생하여 주므로 사업이 잘되어 큰 재물을 벌었다고 합니다. 그러나 己未대운에 용신을 극하니 재산을 잃고 수명도 다했다고 합니다.

◉ 신강 신약

● 신강은 인비가 강하고 식재관이 약한 것이고
신약은 식재관이 강하고 인비가 약한 것입니다.
신강 신약의 기준은 인비와 식재관의 기세입니다.

● 신강 신약의 억부용신은 약한 편에서 가장 강한 것입니다.
인비와 식재관의 기세가 균형을 이루지 못하면, 이를 조절하는 것이 억부
용신의 작용입니다.

● 신강 신약의 기세는 인비와 식재관의 균형을 이루면서 운에서
약한 편을 도와주어야 부귀격이 됩니다.
강한 편을 도와준다면 오히려 중화가 되지 못하고 치우침 현상으로 균형
을 이루지 못하므로 막히고 지체되어 어려운 삶을 살게 됩니다.

● 극신강 극신약은 전왕용신의 개념과 같습니다.
오행의 기세와 신강 신약의 기세는 구분해서 판단하여야 합니다.

04 오행 중심의 억부용신

기본개념

◉ 오행의 기세조절

오행의 태과	하나의 오행이 너무 강하다면 강한 힘을 빼는 것이 설기이며 => 목생화 극제하여 손상시켜야 합니다. => 금극목
오행의불급	하나의 오행이 너무 약하다면 같은 오행으로 도와주는 것이 방조이며 => 목생목 생하여 도와주는 것이 상생입니다. => 수생목

오행 중심은 일간도 오행의 하나로 인식합니다.
사주팔자의 8글자의 왕쇠강약 판정으로 억부용신을 선정합니다.

일간 중심의 억부용신이 인비대 식재관의 균형을 조절하는 역할을 한다면,
오행 중심의 억부용신은 오행의 균형을 조절하는 역할을 합니다.

일간 중심의 억부용신은 신강 신약의 개념이고, 오행 중심의 억부용신은 기세
의 왕쇠강약입니다.

◆ 사주팔자의 태과불급을 조절하는 것이 억부용신입니다.

태과	기세가 강하므로 억抑해야 하는 대상
불급	기세가 약하므로 부扶해야 하는 대상

● 태과太過는 상대보다 기세가 크다는 것입니다.

월령을 득령하고 지지에 세력이 많고 무리가 많다면 기세가 크다고 합니다.

● 불급不及은 상대보다 기세가 작다는 것입니다.

월령을 득하지도 못하고 지지에 세력도 적고 무리도 적다면 기세가 작다고 합니다.

◆ 태과불급의 산정기준은 왕쇠강약에 있습니다.

왕쇠	기	월령의 계절 기운의 성쇠를 말합니다.
강약	세	무리의 세력의 강약을 말합니다.

◆ 태과불급을 조절하는 억부의 방법입니다.

억		부	
설기	손상	방조	상생

※ 태과불급이 심하게 치우치면 전왕용신이 됩니다.

시	일	월	년	구분
己	辛	己	丙	천간
亥	未	亥	申	지지

								대운
丁	丙	乙	甲	癸	壬	辛	庚	
未	午	巳	辰	卯	寅	丑	子	

亥월에서 천간에 투출하지 못하고 지지에서 亥未합으로 木국의 역할을 하며 木기의 기세를 강하게 만들고 있습니다.

丙火정관은 未土에 통근하고 亥未 木국의 도움을 받으니 재왕생관격의 패턴을 만들며 己土를 통하여 일간을 도우니 丙火가 억부용신으로 土金과 水木의 가교역할을 자처하고 水木의 기세를 설기하여 흐름을 좋게 만들어 귀격의 구조가 됩니다.

마침 운이 동남방 木火운으로 흐르며 사주체를 도와 흐름을 좋게 하므로 귀하게 된 정승상의 명조입니다.

시	일	월	년	구분
丁	辛	壬	丁	천간
酉	巳	子	亥	지지

								대운
甲	乙	丙	丁	戊	己	庚	辛	
辰	巳	午	未	申	酉	戌	亥	

子월에서 壬水가 투출하여 水기가 강하고 巳酉에 통근한 일간의 金기도 강하므로 金水의 기세가 강하지만 丁壬합으로 인하여 火金의 대립양상이 되고 있습니다. 丁火가 억부용신이 됩니다.

운에서 초반에는 金운이지만 土기가 水기를 억제하여 丁火 억부용신을 돕고 丁未 丙午운은 용신을 도와 귀하게 된 서상서의 명조입니다.

시		일		월		년		구분
辛		己		壬		甲		천간
未		亥		申		子		지지
庚	己	戊	丁	丙	乙	甲	癸	대운
辰	卯	寅	丑	子	亥	戌	酉	

申월령이 子水와 합을 하고 壬水와 辛金이 통근하여 金水의 기세가 강하다고
합니다.

년간 甲木이 亥未에 통근하여 金水의 기세를 설기하는 억부용신의 역할을 하
고 있습니다.

북방 水운에 甲木용신을 도와 金水기를 설기하여 귀하게 된 장승상의 명조입
니다.

시		일		월		년		구분
丁		庚		甲		戊		천간
丑		午		子		申		지지
壬	辛	庚	己	戊	丁	丙	乙	대운
申	未	午	巳	辰	卯	寅	丑	

子월의 월령이 투출하지 못하였으나 申子의 반합으로 인하여 水기의 기세가 약
하지 아니하고 일간 庚金이 월령을 도와 金水의 세력을 형성하고 있습니다.

丁火는 午火의 왕지가 있고 戊土가 丁火를 보호하므로 火土의 세력을 형성하
고 있으므로 戊土를 억부용신으로 합니다.

戊土의 역할로 金水와 木火의 세력간 균형이 돋보이는 명으로 금수상관희견
관의 조후까지 구비한 귀격입니다. 동남방 木火운에 火土의 세력을 도와 귀하
게 된 어느 승상의 명조입니다.

⊙기세의 억부

● 태과는 기세가 강한 것이고,
불급은 기세가 약한 것입니다.
태과불급의 기세판단에는 일간도 포함합니다.
사주팔자에서 일간도 오행의 하나로 판단합니다.
일간은 육신의 기준일 뿐입니다.

● 태과한 것은 억제하고 설기하여야 하며, 불급한 것은 방조하고
도와야 합니다.
태과불급의 기세가 균형을 이루지 못하면, 이를 조절하는 것이 억부용신
의 작용입니다.

● 오행의 기세는 인비와 식재관의 균형과 관계가 없으므로 신강
신약의 개념을 적용하지 아니합니다.
오행간의 기세의 균형을 만드는 것이 중점입니다.

● 태과한 기세의 오행을 설기하여 흐름을 좋게 하고 불급한 오행의
기세를 도와 균형을 도모하는 것이 오행의 억부용신이 할 일입니다.

Summary

◉ 억부의 개념

억抑	강한 것은 억제하고 많은 것은 덜어내는 것
부扶	약한 것은 도와주고 적은 것은 보태주는 것

◆ 억부용신은 기세의 균형을 조절합니다.

왕쇠	기	월령의 계절 기운의 성쇠를 말합니다.
강약	세	무리의 세력의 강약을 말합니다.

● 억부용신은 기세의 중심점입니다. 기세의 중심점은 운의 작용에 의하여 조절됩니다. 억부용신의 기준은 일간과 오행의 기세입니다.

일간 중심	신강 신약으로 기세의 균형 조절
오행 중심	오행의 왕쇠강약으로 기세의 균형 조절

● 기세의 주요 판단기준은 왕쇠강약에 있습니다.
왕쇠는 계절의 오행을 득한 기의 개념
강약은 무리의 세력을 득한 세의 개념

왕쇠	양, 기氣, 무형적, 정신, 계절, 왕상휴수
강약	음, 질質, 유형적, 신체, 세력, 통근투출

● 왕쇠의 주요기준은 월령의 계절입니다.
왕상휴수는 봄, 여름, 가을, 겨울의 사상에서 비롯됩니다.
천간의 왕상휴수는 계절적 왕쇠입니다.
월령은 왕쇠 판단의 주요기준으로 계절의 기운입니다.

◆ 강약의 주요기준은 통근의 뿌리입니다.

강	천간은 방합, 삼합으로 강한 세력을 형성합니다. 천간은 지지의 세력이 무리를 이루면 강합니다. 천간이 없어도 지지의 세력만으로도 강합니다.
약	천간이 지지에 뿌리가 없다면 세력이 약합니다. 천간이 많아도 지지의 세력이 없으면 약합니다.

◆ 억부의 방법은 설기, 손상, 방조, 상생이 있습니다.

억		부	
설기	손상	방조	상생

◆ 일간중심의 억부

신강	억	설기	식상으로 힘을 빼주는 것
		손상	관살로 극제하여 손상하게 하는 것
신약	부	방조	비겁으로 도와주는 것
		상생	인성으로 생하여 주는 것

신강	인성 + 비겁 > 식상 + 재성 + 관성
신약	인성 + 비겁 < 식상 + 재성 + 관성

◆ 오행중심의 억부

오행의 태과	하나의 오행이 너무 강하다면 강한 힘을 빼는 것이 설기이며 => 목생화 극제하여 손상시켜야 합니다. => 금극목
오행의불급	하나의 오행이 너무 약하다면 같은 오행으로 도와주는 것이 방조이며 => 목생목 생하여 도와주는 것이 상생입니다. => 수생목

운에서 약한 것을 도와주어야 생존수단이 생기는 것이고

운에서조차 도와주지 않는다면 삶이 어려워지는 것입니다.

◆ 설기나 손상 또는 방조나 상생이 이로울 경우

신강	설기가 이로운 경우	관살이 없고 비겁의 세력이 강할 때
	손상이 이로운 경우	관살을 생하여 비겁을 손상할 때
신약	방조가 이로운 경우	재성이 강할 때 비겁으로 방조
	상생이 이로운 경우	관살이 강할 때 인성으로 상생

◆ 기세의 주요판단기준은 왕쇠강약입니다. 왕상휴수의 사상, 천간, 지지의 관계

사상四象	봄	여름	가을	겨울
월령기운	木	火	金	水
지지地支	寅卯辰	巳午未	申酉戌	亥子丑
甲乙	왕旺	휴休	수囚	상相
丙丁戊己	상相	왕旺	휴休	수囚
庚辛	수囚	상相	왕旺	휴休
壬癸	휴休	수囚	상相	왕旺

사계四季는土왕절로서 辰戌丑未월을 말하며 土월령을 갖습니다.

◆ 왕쇠의 충개념

왕자충쇠쇠자발 旺者沖衰衰者拔
강왕한 것이 쇠약한 것을 충하면 쇠약한 것은 뿌리째 뽑힌다.

쇠신충왕왕신발 衰神沖旺旺神發
쇠약한 것이 강왕한 것을 충하면 강왕한 것은 발전한다

왕쇠는 기氣의 성쇠盛衰입니다. 기는 월령의 기를 뜻하며 대운의 기를 뜻하기도 합니다. 대운의 기는 월령의 기가 변화하는 과정 입니다.

◆ 신강 신약의 용신 판별법

신강	신강	식재관에서 용신을 구함
	극신강	인비에서 용신을 구함
신약	신약	인비에서 용신을 구함
	극신약	식재관에서 용신을 구함

◆ 일간의 강약

신강	신강	식재관보다 인비가 강한 경우
	극신강	인비로만 구성되어 있는 경우
신약	신약	인비보다 식재관이 강한 경우
	극신약	식재관으로만 구성되어 있는 경우

신강과 신약은 인비와 식재관이 섞여 서로 경쟁을 하는 구도이지만
극신강은 식재관이 없는 경우로서 인비로만 구성되어 있으며
극신약은 인비가 없는 경우로서 식재관으로만 구성되어 있습니다.

◆ 왕상휴수를 12지로 세분한 것이 12운성입니다.

구분		木		火		土		金		水	
봄	寅	왕	록	상	생	상	생	수	절	휴	병
	卯		왕		욕		욕		태		사
	辰		쇠		대		대		양		묘
여름	巳	휴	병	왕	록	왕	록	상	생	수	절
	午		사		왕		왕		욕		태
	未		묘		쇠		쇠		대		양
가을	申	수	절	휴	병	휴	병	왕	록	상	생
	酉		태		사		사		왕		욕
	戌		양		묘		묘		쇠		대
겨울	亥	상	생	수	절	수	절	휴	병	왕	록
	子		욕		태		태		사		왕
	丑		대		양		양		묘		쇠

제4장
전왕용신론

專旺用神論

전왕용신의 개념

◆ 전왕용신의 종류

일행득기격	사주 전체가 한 가지 오행으로만 되어 있는 것
양신성상격	사주 전체가 두 가지 오행으로만 되어 있는 것
삼상격	사주 전체가 세 가지 오행으로만 되어 있는 것
종격	사주에서 가장 강한 세력에 따라가는 것
화격	천간에서 화한 세력으로 따라가는 것

◆ 하나의 기운으로 되어있는 일행득기격

木	火	土	金	水
곡직격	염상격	가색격	종혁격	윤하격

◆ 종격從格의 종류

신강	종강격, 종왕격
신약	종아격, 종재격, 종살격, 종세격
음양	종기격

◆ 화격化格의 종류

木	火	土	金	水
곡직격	염상격	가색격	종혁격	윤하격

1 전왕용신이란

● 전왕專旺이란 오로지 하나의 기운이 왕성한 것을 말합니다.
사주에서 木기운으로만 되어 있다면 木기운이 전왕하다고 합니다.
그러므로 木이 전왕용신이 되는 것입니다.

사주에서 火기운으로만 되어 있다면 火기운이 전왕하므로 火가 전왕용신이
되는 것입니다. 나머지 오행도 마찬가지입니다.

● 전왕용신은 독재자와 같으므로 대항 세력과의 타협을 불허합니다.
전왕용신은 오직 하나의 오행으로만 되어있으므로 대항하는 세력과 타협하
지 아니합니다.

木기운이 전왕용신	→ 木운에는 발전
	↘ 金운이나 土운에는 패망하기 쉽습니다.
火기운이 전왕용신	→ 火운에는 발전
	↘ 水운이나 金운에는 패망하기 쉽습니다.
土기운이 전왕용신	→ 土운에는 발전
	↘ 木운이나 水운에는 패망하기 쉽습니다.
金기운이 전왕용신	→ 金운에는 발전
	↘ 火운이나 木운에는 패망하기 쉽습니다.
水기운이 전왕용신	→ 水운에는 발전
	↘ 土운이나 火운에는 패망하기 쉽습니다.

② 전왕용신의 성패

● 전왕용신의 세력은 매우 크므로 성패의 기복도 큽니다.

사주가 하나의 세력으로만 되어 있거나 하나의 세력을 따라가는 것이므로 그 세력은 대단히 크므로 성패의 기복도 크다고 할 수 있습니다.

● 대세운에서 배반하면 패망하기 쉽습니다.

木기가 전왕용신인데 金대운이나 金세운이 온다면 木기를 화나게 하므로 패망하기 쉽습니다. 자체로 세력이 강하므로 운에서 전왕용신을 도와주고 방조하여 준다면 크게 발전하게 됩니다.

木의 세력으로만 구성되어 있는 사주팔자라면 봄에 가장 왕성한 세력을 구사할 수 있어 겁나는 것이 없으므로 크게 발전할 수 있지만 여름에는 힘이 빠지고 가을이 오면 힘을 쓰지 못하여 결국 패망하고 맙니다.

● 세력이 매우 크므로 화하는 대운이 이끌어 유통시켜야 합니다.

운에서 이끌어 유통시킨다는 것은 화하여 주는 대운이 와야 좋다는 것입니다. 전왕용신의 세력이 크므로 화하여 이끌어주는 대운도 역시 강해야 화하여 이끌어 줄 수 있기 때문입니다.

水기가 전왕용신이라면 木대운이 와야 水기를 木기로 화하여 이끈다는 것입니다. 이때 甲寅운이 효과적으로 이끌어 줄 수 있지만 甲午운은 병목현상으로 오히려 어려움만 가중시킵니다.

❸ 전왕용신의 형태

◆ 전왕용신은 일행득기격, 종격, 화격 등으로 나누어 집니다.

일행득기격	사주팔자가 한 가지 오행으로만 되어있는 것입니다.
종격	사주에서 강한 세력으로 따라가는 것입니다.
화격	사주에서 화한 세력으로 따라가는 것입니다.

◆ 일행득기격은 한 가지 오행으로만 이루어진 사주입니다.

木木木木 木木木木	火火火火 火火火火	土土土土 土土土土	金金金金 金金金金	水水水水 水水水水

◆ 종격은 한 가지 오행을 따르는 것입니다.

木金木木 木木木木	火土火火 火火火火	土水土土 土土土土	金火金金 金金金金	水土水水 水水水水

일간이 전체 세력을 따라가는 것입니다.

◆ 화격은 화化하는 오행에 종하는 것입니다.

丁壬木木 木木木木	戊癸火火 火火火火	甲己土土 土土土土	庚乙金金 金金金金	丙辛水水 水水水水

일간이 천간합으로 합화하여 화한 오행의 기운을 따라가는 것입니다.

02 일행득기격一行得氣格

곡직격	염상격	가색격	종혁격	윤하격
木木木木 木木木木	火火火火 火火火火	土土土土 土土土土	金金金金 金金金金	水水水水 水水水水

세부학습

❶ 일행득기격이란

하나의 세력으로만 되어있는 사주를 일행득기격이라고 합니다.
사주가 木의 세력으로만 되어 있다면 곡직격曲直格이라고 합니다.
사주가 火의 세력으로만 되어 있다면 염상격炎上格이라고 합니다.
사주가 土의 세력으로만 되어 있다면 가색격稼穡格이라고 합니다.
사주가 金의 세력으로만 되어 있다면 종혁격從革格이라고 합니다.
사주가 水의 세력으로만 되어 있다면 윤하격潤下格이라고 합니다.

● 곡직曲直이란
木기의 성질로 甲木의 뻗어나가는 성질과 乙木의 구부러지는 성질을 표현한 것
입니다.

● 염상炎上이란
火기의 성질로 불이 타오르는 모습을 표현한 것입니다.

● 가색稼穡이란

土기의 성질로 가꾸고 경작하는 모습을 표현한 것입니다.

● 종혁從革이란

金기의 성질로 따르고 개혁하는 모습을 표현한 것입니다.

● 윤하潤下란

水기의 성질로 아래로 흐르며 만물을 윤택하게 하는 모습을 표현한 것입니다.

❷ 일행득기격의 조건

사주팔자가 하나의 기로 이루어져야 합니다.

일행득기는 하나의 상으로 이루어져 있다고 하여 독상獨象이라고 합니다.
월령을 득하고 지지에 방합이나 삼합을 득하거나 하나의 세력으로 이루어져
있어야 합니다. 일행득기는 사주팔자가 한 가지 오행으로만 이루어진 것이므
로 다른 오행이 있다면 일행득기의 순도가 떨어진다고 할 수 있습니다.

戊 己 戊 己 辰 未 辰 未	庚 庚 乙 庚 辰 戌 酉 申	丙 甲 丁 甲 寅 辰 卯 寅
土로만 이루어져 순도가 높음	金에 木이 섞여 순도가 떨어짐	木에 火가 섞여 순도가 떨어짐

반대되는 세력이 없어야 합니다.

곡직격에는 木기로 이루어져 있으므로 金기가 있어서는 안됩니다.
염상격에는 火기로 이루어져 있으므로 水기가 있어서는 안됩니다.
가색격에는 土기로 이루어져 있으므로 木기가 있어서는 안됩니다.
종혁격에는 金기로 이루어져 있으므로 火기가 있어서는 안됩니다.
윤하격에는 水기로 이루어져 있으므로 土기가 있어서는 안됩니다.

기세는 이끌어 주어 유통을 시켜 주어야 묘함이 있다고 합니다.

지나치게 강한 것은 유통을 시켜주어야 아름다운 것입니다. 유통시켜주는 기운이 강하여야 제대로 유통이 됩니다. 나가는 힘은 강한데 나가는 출구가 작다면 제대로 나아가지 못하고 오히려 정체만 심해지기 마련입니다. 출구가 커다랗다면 순조롭게 나갈 수 있는 것입니다.

마치 8차선 고속도로에서 많은 차가 달리다가 갑자기 4차선으로 좁아진다면 나아가는 속도가 느리게 되므로 점차 정체되는 것과 마찬가지입니다. 만약에 2차선으로 좁아진다면 정체는 더욱 심화될 것이고 유통이 제대로 안 되는 이치입니다.

운에서 만나는 재성은 식상이 있어야 분쟁이 없습니다.

木곡직격인데 운에서 재성이 온다면 군비쟁재君比爭財나 군겁쟁재君劫爭財가 되는 것은 당연한 것입니다. 군비쟁재나 군겁쟁재는 여러명의 비겁이 하나의 재성을 두고 다툰다는 것으로 분쟁이 야기되는 것을 말합니다.

이때 식상이 있다면 재성과 유통이 되므로 분쟁할 요소가 없게 됩니다. 재성과 유통을 시켜주는 식상도 세력이 있어야 재성과 연결하여 줄 수 있습니다. 세력이 없다면 제대로 연결을 시켜줄 수 없기 때문에 문제만 가중시킬 뿐입니다.

운에서 생하고 설기하여 주는 것을 잘 살펴야 합니다.

왕신은 설기보다 오히려 생하여 주는 인성을 좋아하고, 자칫하면 설기하는 식상을 상하게 할 우려가 있습니다.

강한 자는 더욱 강하여지는 것을 좋아하지만 왕기를 설기시켜야 정체되지 아니하고 썩지 않습니다. 물이 흐르지 못하면 썩는 것과 마찬가지입니다.

배반하는 운을 가장 싫어합니다.

하나의 형상으로 된 것이 아름답다고 하여도 두려운 것은 대세운의 행운에서 배반하는 것입니다.

木국 곡직격에서 행운이 金운이라고 하면 金기가 왕木을 극하는 것이니 왕木이 분노하여 만사가 지체되고 이루어지지 않으며 곡직격이 파격되는 것이므로 흉한 것이 많고 좋은 일은 적다고 합니다.

행운에서 배반한다는 것은 극하는 운이 온다는 것입니다.
木국 곡직격에서 金운이 극하는 운입니다. 특히 지지의 金운이 더욱 무서운 것입니다.

火국 염상격에서 배반하는 운이란 水운을 말합니다.
土국 가색격에서 배반하는 운이란 木운을 말합니다.
金국 종혁격에서 배반하는 운이란 火운을 말합니다.
水국 윤하격에서 배반하는 운이란 土운을 말합니다.

배반하는 운이 오면 성공가도를 달리다가도 한 순간에 추락하고 맙니다. 모든 명예와 재물을 한꺼번에 휩쓸어가기도 합니다. 그래서 일행득기격에는 배반하는 운이 가장 치명적이라고 하는 것입니다.

중요한 것은 반드시 월령을 얻어야 한다는 것이고 운에서 왕한 것의 생을 만나야 발전하게 된다. 단지 체질이 지나치게 강하므로 유통을 시켜야 묘함이 있다.
설기하는 운을 만나면 재능이 발휘되고 명예와 이익을 얻는다.
전왕용신을 극하는 운을 만나면 재앙을 면할 수 없다.

- 적천수천미-

3 일행득기격의 사례

◆ 곡직격

시		일		월		년		구분
丙		甲		丁		甲		천간
寅		辰		卯		辰		지지
乙	甲	癸	壬	辛	庚	己	戊	대운
未	戌	酉	申	未	午	巳	辰	

적천수천미 독상편에 나오는 명조입니다.

卯월에 지지에서 寅卯辰 木방합을 이루어 木기가 매우 강하고 木기를 극하는 金기가 없으니 木기가 전왕용신인 곡직격입니다.

사주에 丙丁火식상이 있어 왕한 木기의 세력을 설기하여 목화통명을 이루니 총명함이 빼어나 어려서 부터 출세하여 부귀하였다고 합니다.

목화통명木火通明이란 木기가 火기로 통하며, 밝게 빛난다고 하는 것으로 총명하고 영리하다고 합니다.

戊辰 己巳운에는 식상을 설기하여 흐름이 유통되니 좋았으며 庚午 辛未운에는 庚辛金관살의 뿌리가 없어 丙丁火식상이 극제하여 무난하였다고 합니다. 역시 대운이 巳午未 火대운으로 흐르며 사주의 丙丁火식상의 세력이 되어주니 발전할 수 있었다고 보는 것입니다. 다만 壬申대운에 申酉戌 金대운으로 들어서며 木왕기를 배반하고 壬水인성이 丙丁火식상을 극하여 칠살운을 막지 못하니 벼슬에서 물러나 낙향하여 죽었다는 명입니다.

전왕용신은 대운에서 배반하면 패망합니다.

◆ 염상격

시		일		월		년		구분
乙		丙		甲		丙		천간
未		戌		午		寅		지지
壬	辛	庚	己	戊	丁	丙	乙	대운
寅	丑	子	亥	戌	酉	申	未	

적천수천미 독상편에 나오는 명조입니다.

午월에 지지에서 寅午戌 火삼합을 이루어 火기가 매우 강하고 火기를 극하는 水기가 없으니 火기가 전왕용신인 염상격을 이룹니다.

사주에 甲乙木인수가 있어 왕신을 도우나 식상 土기를 극하니 총명기가 손상을 입어 공부하기 어려워 군대에 들어가게 됩니다. 즉, 인비가 왕하여 체력은 좋으나 식상이 쇠약하니 머리는 좋지 않은 편이라고 이해하면 될 것입니다.

서방 申酉戌대운에는 비록 金대운이지만 丙丁火의 세력이 있어 벼슬이 부장까지 오르는 등 순탄하였으며 亥子丑 水대운에 들어서지만 己亥대운에는 己土가 있어서 다행히 水기를 막아 직위가 떨어진 데에 불과하였고 庚子대운에는 천간에 土식상이 드러나지 아니하고 火왕신을 극하니 전사하였다고 합니다. 子水운에 寅午戌왕기를 충하니 재난이 닥친 것입니다. 운에서 왕기를 충하는 운이 오면 대체로 재난을 당하는 것이 일반적으로 일행득기의 운명입니다.

왕기는 설기하는 것이 총명하고 아름다우며, 운에서 설기하여 준다면 발전하게 되고 운에서 극제한다면 어려움이 닥치게 됩니다.

◆ 종혁격

시		일		월		년		구분
庚		庚		乙		庚		천간
辰		戌		酉		申		지지
癸	壬	辛	庚	己	戊	丁	丙	대운
巳	辰	卯	寅	丑	子	亥	戌	

적천수천미 독상편에 나오는 명조입니다.

酉월에서 지지에 申酉戌 방합을 이루고 乙木이 乙庚합으로 金기로 변화하며
반대세력이 없으니 종혁격을 이룹니다.

水대운으로 왕기를 설기할 수 있는 좋은 운이지만 아쉽게도 亥子丑 水식상의
기운이 火土기를 달고 와서 강한 金기를 제대로 설기하지 못하므로 공부하지
도 못하고 군에 들어가게 됩니다.
金비겁이 왕하여 체력이 좋아 장군의 반열에 오르지만 庚寅대운에 들어서며
木운의 배반으로 金기가 힘을 쓰지 못하니 전쟁터에서 사망하게 됩니다.

◆ 윤하격

시		일		월		년		구분
壬		癸		辛		壬		천간
子		丑		亥		子		지지
己	戊	丁	丙	乙	甲	癸	壬	대운
未	午	巳	辰	卯	寅	丑	子	

적천수천미 독상편에 나오는 명조입니다.

亥월에서 지지에 亥子丑 水방합을 이루고 반대되는 세력이 없으니 윤하격을 이룹니다.

북동 水木대운은 왕기를 강하게 설기하여 총명한 기가 발동하므로 과거에 급제하고 벼슬길에 올라 순조로웠으나 丙辰대운에는 군비쟁재가 되어 사주가 혼탁해지니 세상을 하직하게 되었답니다.

◆ 가색격

시		일		월		년		구분
己		戊		丁		己		천간
未		子		丑		未		지지
己	庚	辛	壬	癸	甲	乙	丙	대운
巳	午	未	申	酉	戌	亥	子	

적천수천미 독상편에 나오는 비중당의 명조입니다.

천간에 戊己土가 무리지어 있고 지지에 丑未가 세 개나 있어 土기가 매우 강합니다. 더구나 丁火가 왕신을 돕고 있으며 사주에 반대세력이 없으니 가색격으로 손색이 없다고 하는 것입니다.

다만 아쉬운 것은 지장간에 辛金상관이 丑土에 있음에도 불구하고 투출하지 못하고 丁火인성의 극제를 받으니 설기하는 묘함이 없어져 후손을 생산하지 못하였다고 합니다.

◆ 염상격

시		일		월		년		구분
戊		丙		甲		丙		천간
戌		寅		午		午		지지
壬	辛	庚	己	戊	丁	丙	乙	대운
寅	丑	子	亥	戌	酉	申	未	

어느 변호사의 명조입니다.

丙火일간이 午월에 태어나 지지에 寅午戌 火국의 형성되어 火의 세력이 매우 강하고 반대세력이 없으니 염상격을 이룹니다.

戊土식신의 설기가 아름다워 총기가 있어 변호사가 되었으며 운이 金水운으로 흐르며 왕기를 설기하여 주니 부귀를 겸하였다고 합니다. 대체로 염상격에는 水운이 배반하는 운이지만 庚子 辛丑운에는 戊土식신을 유통시켜 이어 주므로 좋게 된 것입니다.

03 종격從格

기본개념

◆ 종격의 기준

신강	종강격, 종왕격
신약	종아격, 종재격, 종살격, 종세격
음양	종기격

◆ 종격의 종류

종강격	인성의 세력이 거의 전부를 차지할 때
종왕격	비겁의 세력이 거의 전부를 차지할 때
종아격	식상의 세력이 거의 전부를 차지할 때
종재격	재성의 세력이 거의 전부를 차지할 때
종살격	관살의 세력이 거의 전부를 차지할 때
종세격	식재관의 세력이 비등할 때
종기격	음양의 기세가 木火나 金水로 치우칠 때

◆ 종격의 진가

진종	강한 세력이 월령을 득하고 거스르는 세력이 없을 때
가종	거스르는 세력이 미약하게 존재할 때

❶ 종격의 의미

종격從格이란 강한 세력을 따른다는 것입니다. 사주에서 가장 강한 세력을 따르는 것이 종격입니다. 경쟁이 안될 만큼 상대가 강한 것이므로 이를 인정하고 충성을 맹세하는 것과 같습니다.

신강한 경우에는 인비의 세력에 종하게 됩니다.
인성이나 비겁은 강한데 식재관이 너무 약해서 경쟁구도가 안된다면 사주는 강한 세력을 따르므로 인비의 강한 세력을 따르게 됩니다. 인성이 강하다면 종강격이라고 하고, 비겁이 강하면 종왕격이라고 합니다.

신약한 경우에는 식재관의 세력에 종하게 됩니다.
일간이 고립되고 뿌리도 없고 인성도 없어 도움을 받을 길이 없는 경우에 일간으로서의 역할을 할 수 없으므로 사주에서 가장 강한 세력을 따라가는 것입니다.

음양의 기를 따르는 경우도 있습니다.
木火의 양기의 세력과 金水의 음기의 세력이 대립하는 경우가 있습니다. 서로의 세력이 비등하다면 경쟁구도가 형성되지만, 한쪽으로 기운이 치우친다면 강한 세력의 기운을 따르게 되어있습니다.

진종과 가종으로 구분하기도 합니다.
진종은 강한 세력이 완전하고 거스르는 세력이 전혀 없을 때의 상태이며, 가종은 강한 세력을 형성하였으나 거스르는 세력이 미약하게나마 존재할 때입니다. 단, 거스르는 세력의 뿌리가 없어야 합니다.

❷ 종격의 종류

적천수천미의 저자 임철초는 종격의 종류를 종왕, 종강, 종아,
종재, 종살, 종세, 종기로 구분하여 설명하고 있습니다.

신강	종강격, 종왕격
신약	종아격, 종재격, 종살격, 종세격
음양	종기격

신강의 종왕격과 종강격은 인비세력에 종하는 것입니다.
신약의 종아, 종재, 종살, 종세격은 식재관 세력에 종하는 것입니다

● 종왕격
비겁의 세력이 극강한 것으로 식재관 세력이 미약하여 경쟁구도가 되지 아니
하므로 비겁의 세력에 종하는 것입니다. 인비운을 좋아하지만 강한 식상운에
발전하기도 하며 관살운을 기피합니다.

● 종강격
인성의 세력이 극강한 것으로 식재관 세력이 미약하여 경쟁구도가 되지 아니
하므로 인성의 세력에 종하는 것입니다. 인비운을 좋아하지만 강한 비겁운에
발전하기도 하며 재성운을 기피합니다.

● 종아격
식상의 세력이 극강한 것으로 일간의 신강신약을 불문하고 식상의 세력에 종
하는 것입니다. 비겁운을 좋아하지만 강한 재성운에 발전하기도 하며 인성운
을 기피합니다.

● 종재격

재성의 세력이 극강한 것으로 인비 세력이 미약하여 경쟁구도가 되지 아니하므로 재성의 세력에 종하는 것입니다. 식상운을 좋아하지만 강한 관살운에 발전하기도 하며 비겁운을 기피합니다.

● 종살격

관살의 세력이 극강한 것으로 인비 세력이 미약하여 경쟁구도가 되지 아니하므로 관살의 세력에 종하는 것입니다. 재성운을 좋아하지만 강한 인성운에 발전하기도 하며 비겁과 식상운을 기피합니다.

● 종세격

식재관의 세력이 강하면서 서로 비슷한 것으로 인비 세력이 미약하여 경쟁구도가 되지 아니하므로 식재관의 세력에 종하는데 식재관중에서 가장 강한 세력에 종하는 것입니다. 대체로 재성이 강하면 좋은 구조가 됩니다. 식재관운을 좋아합니다.

● 종기격

사주에 木火세력과 金水세력으로 양분되는 경우가 있습니다. 이는 음양의 기적 측면으로 보는 것인데 木火세력이 월등하다면 木火세력에 종하는 것이고 金水세력이 월등하다면 金水세력에 종하는 것입니다. 이럴 경우에 土는 강한 쪽에 붙습니다. 음양의 기에 종한다고 하여 종기격이라고 합니다.

완전한 형상이라면 재성운으로 가는 것이 좋으며 재성이 왕해야 한다.

- 적천수 종세격 -

투출한 식상이 기세를 이루고 일가를 이루고 있다면, 일주의 강약을 막론하고 식상을 따르는데 오직 식상으로 재성을 얻어야 하는 것이다.

- 적천수 종아격-

(1) 종왕격從旺格

일간이 득령을 하고 사주가 모두 비겁의 세력으로 되어 인비의 세력이 강한데 식재관의 세력이 미약하여 경쟁구도가 형성되지 아니하므로 식재관에서 억부용신을 정하지 못한 상태입니다. 그러므로 강한 비겁의 세력에 종하여 전왕용신을 취하는 것입니다.

행운이 인성이나 비겁으로 가면 길하고 만약 사주 내에 인성이 미약하다면 식상의 운이 간여지동으로 오는 강한 운이 좋습니다.

관살의 운은 왕한 것을 침범하게 되니 재앙이 바로 발생하며, 재성의 운을 만나면 왕성한 비겁이 서로 다투는 군겁쟁재群劫爭財의 현상을 겪거나 왕신을 돕는 인성을 극하므로 어려움이 많다고 합니다.

시		일		월		년		구분
乙		甲		乙		癸		천간
亥		寅		卯		卯		지지
丁	戊	己	庚	辛	壬	癸	甲	대운
未	申	酉	戌	亥	子	丑	寅	

적천수천미 종격편에 나오는 명조입니다.

卯월에서 乙木겁재가 투출하고 지지에는 木기가 가득하고 왕기를 배반하는 金기가 없으며 癸水인성이 木기를 생하니 종왕격이 됩니다.

亥子丑 水대운에 왕신을 도와 높은 벼슬에 올랐으나 庚戌대운에 왕신을 배반하니 재난을 면할 수 없었다고 합니다.

종왕격은 인비운을 반기는 편이며 식상운의 설기도 좋아하지만

식상이 있으면 재성운은 반기어도 관살운은 극히 꺼리는 편입니다.

시		일		월		년		구분
甲		丙		甲		丙		천간
午		午		午		午		지지
壬	辛	庚	己	戊	丁	丙	乙	대운
寅	丑	子	亥	戌	酉	申	未	

적천수천미 종격편에 나오는 명조입니다.

지지에 午火가 그득하고 丙火비견이 투출하여 火의 기세가 극강한데 甲木인성마저 있어 극강함이 더욱 심하여지므로 비겁火의 기세에 종하는 종왕격이 됩니다.

火기의 종왕격이므로 金水대운을 기피하게 됩니다.

丙申 丁酉운에 丙丁火의 도움으로 벼슬은 하였지만 왕기를 돕는 木기를 극하므로 병에 시달리는 등 어려움이 많았다고 합니다.

戊戌대운에는 왕기를 土기로 설기하니 벼슬길이 순탄하였으나 북방 水대운인 己亥대운에는 왕신을 배반하니 죽었다고 합니다.

시		일		월		년		구분
己		戊		丁		己		천간
未		子		丑		未		지지
己	庚	辛	壬	癸	甲	乙	丙	대운
巳	午	未	申	酉	戌	亥	子	

적천수천미 종격편에 나오는 명조입니다.

戊土일간이 丑월에 태어나 사주팔자에 土기가 대부분이고 丁火인수가 비겁을 돕고 있어 종왕격이 되지만 일지 子水로 인하여 가종하게 됩니다.

운이 金水로 흐르며 왕기를 설기하여주니 삶은 평탄하였으나 운에서 식상으로 강하게 설기하여주지 못하므로 발전하지는 못하였고 자식도 없었다고 하는 비중당의 명조라고 합니다.

(2) 종강격從强格

사주에 인성이 득령하고 인비의 세
력이 강한데 식재관의 세력이 매우
약하여 경쟁구도가 형성되지 아니한
상태입니다. 그러므로 강한 인성의
세력에 종하는 것입니다. 인비의 운

이 좋으며, 식상의 운은 인성이 충극을 하게 되니 반드시 흉하고, 재성운 역시
인성을 충하여 왕한 세력을 건드려서 노하게 하니 아주 흉하게 됩니다.

시		일		월		년		구분
甲		丁		甲		癸		천간
辰		卯		寅		卯		지지
丙	丁	戊	己	庚	辛	壬	癸	대운
午	未	申	酉	戌	亥	子	丑	

적천수천미 종격편에 나오는 명조입니다.

지지에 寅卯辰 木방합이 완전하고 癸水가 왕木을 생하여주니 종강격이 됩니
다. 일명 모자멸자母慈滅子의 명으로 마마보이의 명이라고 합니다. 金운에 매
우 어렵게 살았다고 하며 丁未대운부터 말년에 왕木을 설기하니 행복하게 살
았다고 합니다.

시		일		월		년		구분
甲		甲		辛		壬		천간
子		寅		亥		子		지지
己	戊	丁	丙	乙	甲	癸	壬	대운
未	午	巳	辰	卯	寅	丑	子	

적천수천미 한신편에 나오는 명조입니다.

亥월에 水기가 강하고 辛金정관은 인성을 생하니 종강격이 됩니다. 木대운에
벼슬을 하고 丙辰대운에 왕水를 거스르니 낙직하고 丁巳대운에 丁壬합으로
왕신을 합거하니 죽었다고 합니다.

(3) 종아격從兒格

식상이 월령을 득하고 사주 전체
에 식상의 세력이 매우 강하다면
일간의 강약에 불구하고 식상의
세력에 종하는 것으로 식상은 일
간의 자식이므로 종아한다고 하는

것입니다. 종아從兒는 자식을 따른다는 뜻이 있습니다.

일간이 강하고 비겁이 있다면 오히려 식상을 생하여주니 식상의 세력이 더욱
더 강하여지고 재성을 생한다면 부귀는 주어진 편입니다. 다만 강한 재성만이
식상의 세력을 감당할 수 있습니다.

운에서 재성운이 간여지동으로 온다면 대체로 부귀하다고 합니다. 간여지동
干如支同이란 甲寅과 같이 천간과 지지의 오행이 같은 것을 말합니다.

인성운은 식상을 극하므로 가장 꺼리며 관성운은 일간을 극하므로 역시 꺼리게
됩니다. 종아격에서 반기는 운은 역시 비겁운과 식상운 그리고 재성운이라고
할 것입니다.

시		일		월		년		구분
壬		辛		辛		壬		천간
辰		亥		亥		寅		지지
己	戊	丁	丙	乙	甲	癸	壬	대운
未	午	巳	辰	卯	寅	丑	子	

적천수천미 종아격편에 나오는 명조입니다.

辛金일간이 亥월에 태어나 壬水가 투출하고 水의 기세가 매우 강하므로 종아
격이 됩니다.

종아격은 재성운이 간여지동으로 강하게 들어오면 발전하므로 甲寅 乙卯운에
높은 벼슬을 하게 되었으나 丙辰대운 戊戌년에 관성과 인성운이 한꺼번에 들
어오며 일간과 식상을 극하니 죽었다고 합니다.

시		일		월		년		구분
戊		丙		丁		己		천간
戌		戌		丑		未		지지
己	庚	辛	壬	癸	甲	乙	丙	대운
巳	午	未	申	酉	戌	亥	子	

적천수천미 종아격편에 나오는 명조입니다.

丙火일간이 丑월에 태어나 사주에 土가 강하니 일간의 강약에 관계없이 종아하게 됩니다. 土가 전왕용신으로 金운에 발전하게 됩니다.

다행히 운이 서방 金운으로 흐르며 癸酉 壬申대운에 왕신을 설기하니 벼슬길이 순조로웠다고 합니다.

시		일		월		년		구분
丙		癸		壬		丁		천간
辰		卯		寅		卯		지지
甲	乙	丙	丁	戊	己	庚	辛	대운
午	未	申	酉	戌	亥	子	丑	

적천수천미 종아격에 나오는 명조입니다.

癸水일간이 寅월에 태어나 지지에 寅卯辰 木기가 방합을 이루고 강하므로 종아격이 됩니다.

더구나 壬水가 丁火편재를 합하여 木기로 화하여 종아격을 도우니 대운이 비겁과 인성인 水金운으로 흘러도 높은 지위의 벼슬을 하게 되며 부귀하여지게 됩니다.
丙申운에 木火의 절지와 병지를 만나 죽었다고 하였으니 운에서 배반하면 견디지 못하는 것이 종격의 운명인가 합니다.

시	일	월	년	구분
丙	癸	癸	丁	천간
辰	卯	卯	巳	지지

乙	丙	丁	戊	己	庚	辛	壬	대운
未	申	酉	戌	亥	子	丑	寅	

적천수천미 종아격에 나오는 명조입니다.

卯월생이 지지에 木기가 강하고 丙丁火가 설기하고 있으므로 종아격으로 보는 것입니다. 대운은 水金운으로 비겁 水운에는 식상을 생하지만 인성 金운에는 식상을 극하므로 어려움이 많다고 할 것입니다.

시	일	월	년	구분
戊	丙	辛	己	천간
戌	戌	未	未	지지

癸	甲	乙	丙	丁	戊	己	庚	대운
亥	子	丑	寅	卯	辰	巳	午	

적천수천미 종아격에 나오는 명조입니다.

未월에서 己土상관이 투출하고 지지에 土기 식상의 뿌리가 가득하니 종아격이 됩니다.

대운이 寅卯辰 木기 대운으로 흐르며 土왕신을 극하므로 운에서 배반한다고 하는 것으로 부귀하고는 거리가 멀게 느껴지는 것입니다.

이 사주에서는 왕신을 극하는 기신 乙木이 지지에 감추어져 있어 木운에 흉의를 드러내어 출세하지 못하였으나 다행히 丙丁火희신이 왕신을 도와 큰 변고 없이 서당 훈장으로 만족한 것입니다. 만약에 벼슬길에 나섰다면 큰 흉화를 당했을 것이라고 합니다.

(4) 종재격從財格

사주에 재성이 매우 왕강한 것을 말합니다. 인비가 약한데 재성이 월령을 득하고 강한 세력을 형성하고 있어 일간이 재성에 종하는 것입니다. 인비운을 가장 꺼리며 식재관운을 매우 반기는 편입니다.

시		일		월		년		구분
丙		乙		丙		戊		천간
戌		未		辰		戌		지지
甲	癸	壬	辛	庚	己	戊	丁	대운
子	亥	戌	酉	申	未	午	巳	

적천수천미 종격편에 나오는 명조입니다.
辰월에서 戊土재성이 투출하고 지지에 세력이 강하며 丙火가 따뜻하게 보온해주니 기세가 등등하여 종재격이 됩니다.

남방 火운에 土기의 세력이 한창 오르고 서방 金운에 土기를 설기하니 총명한기가 나타나 문장이 뛰어나고 신선의 반열에 올랐다고 합니다. 강한 서방 金운이 왕신을 설기하여 좋게 된 것이라고 합니다.

시		일		월		년		구분
戊		庚		壬		壬		천간
寅		寅		寅		寅		지지
庚	己	戊	丁	丙	乙	甲	癸	대운
戊	酉	申	未	午	巳	辰	卯	

적천수천미 종격편에 나오는 명조입니다.

지지에 寅木재성이 가득한데 인비는 쇠약하고 壬水는 재성을 생하여주니 종재격이 됩니다. 다만, 戊土인성으로 인하여 가종합니다.

동남방 木火운으로 흐르며 火기로 유통을 시키니 높은 직위에 올랐다고 합니다.

시		일		월		년		구분
乙		壬		庚		丙		천간
巳		午		寅		寅		지지
戊	丁	丙	乙	甲	癸	壬	辛	대운
戊	酉	申	未	午	巳	辰	卯	

적천수천미 종격편에 나오는 명조입니다.

寅월에 丙火재성이 투출하여 지지의 세력이 강합니다. 庚金이 있으나 丙火로 극제하고 乙木상관이 丙火재성을 도우니 종재격이 됩니다. 다만, 庚金인성으로 인하여 가종합니다.

木火운이 丙火재성을 도우니 높은 벼슬에 올랐다고 합니다.

(5) 종살격從煞格

사주에 관살이 매우 왕강한 것을 말합니다. 관살이 월령을 득하고 일간은 뿌리도 없고 비겁도 없으며 인성조차도 없어 고립무원의 상태로서 관살의 강한 세력에 종하는 것입니다.

재성운과 관살운을 매우 반기며 비겁운과 식상운을 가장 꺼리는 편입니다.

시		일		월		년		구분
乙		乙		辛		辛		천간
酉		酉		丑		巳		지지
癸	甲	乙	丙	丁	戊	己	庚	대운
巳	午	未	申	酉	戌	亥	子	

적천수천미 종격편에 나오는 명조입니다.

巳酉丑 金국이 성립되고 辛金이 투출하여 강하므로 종살격이 됩니다. 戊戌대운에 과거에 급제하여 丙申대운까지 벼슬길이 순탄하였으나 乙未대운에 왕신을 거스르니 죽었다고 합니다.

(6) 종세격從勢格

일간이 뿌리가 없고 일간을 도 와주는 인성이나 비겁도 없는 데 사주에 재성, 관성, 식상의 세력이 서로 비슷하여 강약을 구분하기가 어려운 사주구조 입니다.

이때에는 재성, 관성, 식상 중의 어느 것이 특히 강한 세력인지를 보고 그 세력에 순종하여 따르게 됩니다. 세 가지가 모두 비슷하여 강약을 구분할 수 없다면 재성을 기준으로 하여 세력의 기준으로 삼게 됩니다. 반드시 행운이 재성이 되어 식상의 기운을 유통시켜 주고 또 관성의 기세를 도와주어야 길하다고합니다. 인비운은 당연히 기피하게 됩니다.

시		일		월		년		구분
甲		癸		壬		丙		천간
寅		巳		辰		戌		지지
庚	己	戊	丁	丙	乙	甲	癸	대운
子	亥	戌	酉	申	未	午	巳	

적천수천미 종격편에 나오는 명조입니다.
木火의 기세가 강한 사주입니다. 그러므로 丙火재성에 종하는 종세격이 됩니다. 火운인 甲午대운에는 벼슬길이 열리고 金운에 火土기운이 있어 그럭 저럭 지냈으나 水운으로 들어서자 己亥대운에 일지를 충하니 죽었다고 합니다. 癸水일간이 약하기가 극에 달하여 운에서 도와주면 안 된다고 하는 말이 진실하다고 강조하고 있습니다.

(7) 종기격從氣格

신강, 신약을 막론하고, 그 기
세가 木火에 있다면 木火운이
좋고, 기세가 金水에 있다면 金
水운이 되어야 하는데 그렇지
않으면 흉하다고 합니다.

시		일		월		년		구분
丁		庚		癸		癸		천간
亥		申		亥		酉		지지
乙	丙	丁	戊	己	庚	辛	壬	대운
卯	辰	巳	午	未	申	酉	戌	

적천수천미 종격편에 나오는 명조입니다.

庚金일간이 亥월에 태어나 金水의 기가 매우 강합니다. 丁火는 뿌리도 없이 고립
되어 제 역할을 하기 어렵습니다. 그러므로 金水기에 종하는 종기격이 됩니다.
金대운에는 높은 직위까지 벼슬이 올랐으나 己未대운에 남의 죄에 연루되어
죽었다고 합니다. 火土기가 水기를 극하였기 때문입니다.

시		일		월		년		구분
丙		丙		乙		癸		천간
申		申		丑		酉		지지
丁	戊	己	庚	辛	壬	癸	甲	대운
巳	午	未	申	酉	戌	亥	子	

적천수천미 종격편에 나오는 명조입니다.

丙火일간이 丑월에 태어나 지지에 金水기운이 강하고 木火기가 매우 약하므로
金水기에 종하는 종기격이 됩니다. 대운이 金水로 되어있어 삶이 순탄하였으
나 己未대운에 건조한 火土기가 水기를 손상하니 죽고 말았다고 합니다.

❸ 진종眞從 가종假從

진종	강한 세력이 월령을 득하고 거스르는 세력이 없을 때
가종	거스르는 세력이 미약하게 존재할 때

진종은 강한 세력이 월령을 득하고 거스르는 세력이 없어 진실로 종하는 것입니다. 진종은 왕기를 배반하고 거스르는 반대의 운이 온다면 고통을 겪기 마련입니다.

가종은 강한 세력이 있어 종하려고 하는데 반대되는 세력이 일부 존재하고 있다면 진실로 종하지는 않는 것을 말합니다. 운의 상황에 의하여 종하다가도 일반 격국으로 전환하기도 합니다.

진종의 형상은 단지 몇 사람만이 있을 뿐이고 가종이라고 할지라도 역시 발전할 수가 있다.- 적천수 -

적천수에서 이야기하는 진종과 가종입니다.
원주 유백온은 일주가 쇠약하고 재성과 관성이 왕하다면 순종하여 따르지 않을 수가 없는 것이 진종이며 그 중에 비견이 있어 돕거나 비견을 암암리에 생하여 주는 인성이 있다면 순종하여 따르는 것이 진실하지 못하므로 가종이라고 합니다. 그러나 운에서 재성이나 관성이 득지하면 비록 가종하여도 부귀하게 될 수도 있지만 왕신을 배반한다면 재난을 면하지 못하거나 혹은 마음 씀이 단정하지 못하다고 합니다.

적천수천미의 저자 임철초는 월령이 재성이나 관성이라면 일간은 허약해서 기운이 없는데 비록 비겁과 인성이 있어 일간을 생하여 도와준다고 해도 재성이 인성을 극하거나 혹은 관성이 있어 비겁을 극하고 있다면 일간이 의지할 곳이 없어 재성과 관성의 기세에 의지하게 된다고 합니다.

종재가 될 때 행운에 식상과 재성이 왕하고 종관이 될 때 행운이 재성과 관성으로 가게 된다면 발전하는 것이라고 합니다.

재성의 기세가 왕하면 재성을 따라가고, 관성의 기세가 왕하면 관성을 따라가는 것을 진종이라고 합니다.

가종이란 사주에 강한 세력이 있지만 일간이 믿는 구석이 있으므로 진짜로 종하는 마음이 없지만 비록 비겁이나 인성이 있다고 해도 자기 자신을 돌볼 겨를이 없으므로 어쩔 수 없이 강한 세력을 따르기는 하나 진정으로 따르지 않는 것이라고 할 수 있습니다.

가종의 행운은 강한 세력을 도와주는 운이 되어야 강한 것에 의지하여 따라가므로 평안해지는 것이며 비록 출신은 미천하더라도 능히 가문을 일으켜 세울수 있으며 원천은 탁하지만 흐름이 맑아지는 형상이라고 합니다.

예를 들어 종재를 했는데 비겁이 쟁탈하고 있다면 군겁쟁재가 되는데
행운이 관살로 가면서 비겁을 제거하여 군겁쟁재를 해소시켜준다면 반드시 귀하게 되고 행운이 식상으로 가면서 재성을 생하여 준다면 반드시 부유해진다고 합니다.

인성이 사주에 있어 일간을 암암리에 생하여 주고 있다면 재성운에는 인성을 제거하여야 하고, 관살이 있어서 재성의 기운을 설기하고 있다면 식상운으로 가며 관살을 제거해야 발전한다고 합니다.

시	일	월	년	구분
癸	己	乙	癸	천간
酉	亥	卯	巳	지지
丁未 戊申	己酉 庚戌	辛亥 壬子	癸丑 甲寅	대운

● **적천수천미 가종편에 나오는 명조입니다.**

亥卯목국에서 乙木칠살이 투출하였고 癸水재성이 재생살을 하고 있으니 木기가 왕하여 종살격이라고 할 수 있습니다.

지지에서 巳酉 金국이 있어 木국을 극하고 있으니 진정한 종살격이 되지 아니하고 가종격이라고 합니다.

水대운에는 金기를 설기하여 왕木을 도우니 벼슬길이 순탄하였으나 金대운에는 왕木을 거스르니 고난이 많을 것이라고 합니다.

시	일	월	년	구분
壬	丙	壬	丁	천간
辰	申	寅	丑	지지
甲午 乙未	丙申 丁酉	戊戌 己亥	庚子 辛丑	대운

● **적천수천미 가종편에 나오는 명조입니다.**

지지에 申辰 水합에서 壬水칠살이 투출하고 丑土가 있어 水기의 세력이 강하므로 종살격이 됩니다. 년월간이 寅월에 丁壬합하여 木기로 화하니 인성의 기세도 강하므로 종격을 논하기 어려운 명조로 가종하게 됩니다.

북서방 水金운으로 壬水칠살이 맑아지며 높은 벼슬까지 하고 부귀하게 살았다고 합니다.

시	일	월	년	구분
癸	戊	己	乙	천간
亥	辰	卯	卯	지지

辛	壬	癸	甲	乙	丙	丁	戊	대운
未	申	酉	戌	亥	子	丑	寅	

적천수천미 가종편에 나오는 명조입니다.

지지에 木기가 가득하여 기세가 강하므로 종살격이라고 할 수 있습니다. 하지만 일간의 뿌리가 있고 겁재가 있으므로 일간은 쉽게 종하지 아니하니 가종이라고 합니다. 水운에 왕기를 도와 높은 벼슬까지 하였지만 癸酉대운에 왕기를 충하니 죽었다고 합니다.

시	일	월	년	구분
庚	辛	壬	丁	천간
寅	亥	寅	卯	지지

戊	己	庚	辛	壬	癸	甲	乙	대운
午	未	申	酉	戌	亥	子	丑	

적천수천미 가종편에 나오는 명조입니다.

지지에 木기 세력이 가득하고 천간에서 丁壬합하여 木기로 화하니 木기의 기세가 강하여 종재격이라고 할 수 있지만 庚金겁재가 있어 부득이 가종하게 됩니다. 북서방 水金대운에 왕기를 도와주고 일간을 도와 군수의 높은 직위까지 오르고 아들 셋을 낳고 오래 살았다고 합니다.

양간은 氣를 따르기를 좋아하고 음간은 勢를 따르기를 좋아합니다.

04 화격

기본개념

⊙ 화격化格의 종류

木화격	일간이 壬水나 丁火로서 木의 세력이 전부일 때
火화격	일간이 戊土나 癸水로서 火의 세력이 전부일 때
土화격	일간이 甲木이나 己土로서 土의 세력이 전부일 때
金화격	일간이 庚金이나 乙木으로서 金의 세력이 전부일 때
水화격	일간이 丙火나 辛金으로서 水의 세력이 전부일 때

◆ 화격의 조건

천간합	甲己	乙庚	丙辛	丁壬	戊癸
화오행	土	金	水	木	火
태어난 월과 대운	辰戌丑未	申酉	亥子	寅卯	巳午

화격이란 일간이 천간합을 하여 화오행에 따르는 것으로 반드시 화하는 오행의 계절에 태어나고, 사주에서 화하는 오행을 거스르는 세력이 없어야 합니다.

세부학습

❶ 화격의 개념

화격化格이란 화化한 세력으로 종한다는 것입니다.
화한다는 것은 천간이 합화合化하는 것을 의미합니다.

甲己합화土는 甲木과 己土가 합하여 土기로 화하는 것입니다.
乙庚합화金은 庚金과 乙木이 합하여 金기로 화하는 것입니다.
丙辛합화水는 丙火와 辛金이 합하여 水기로 화하는 것입니다.
丁壬합화木은 丁火와 壬水가 합하여 木기로 화하는 것입니다.
戊癸합화火는 戊土와 癸水가 합하여 火기로 화하는 것입니다.

● 화격은 천간합입니다.
　천간에 순서대로 숫자를 부여하니 이를 선천수라고 한다.

甲	乙	丙	丁	戊	己	庚	辛	壬	癸
1	2	3	4	5	6	7	8	9	10

1~5를 생수生數라고 하며 6~10을 성수成數라고 합니다.

◆ 생수와 성수의 결합이 천간의 음양합이 되는 것입니다.

생수+성수	1 + 6	2 + 7	3 + 8	4 + 9	5 + 10
천간합	甲己	乙庚	丙辛	丁壬	戊癸
화오행	土	金	水	木	火

화격은 종격과 마찬가지 개념이므로, 화오행이 강하여야 하며 운에서 거스르지 않아야 합니다.

❷ 화격의 조건

진정한 화격이 되기 위하여서는 일정한 조건에 부합되어야만 합니다.
화하는 오행이 월령을 득하고 지지의 세력을 득하면서 사주에 거스르는 세력이 없으면 진실로 화하였다고 하여 진화眞化라고 합니다.

일정한 조건에서 하나라도 조건이 충족되지 아니하면 진실로 화한 것이 아니므로 일시적으로 화하였다고 하여 가화假化라고 하며 일반격으로 취급하게 됩니다.

● 화하는 오행은 월령을 득하여만 합니다.
甲木일간이나 己土일간이 甲己합하여 土기로 화하고자 한다면 우선 土월령을 득하여야 합니다. 土월령은 辰戌丑未월을 말합니다.

乙木일간이나 庚金일간이 乙庚합하여 金기로 화하고자 한다면 우선 金월령을 득하여야 합니다. 金월령은 申酉월을 말합니다.

丙火일간이나 辛金일간이 丙辛합하여 水기로 화하고자 한다면 우선 水월령을 득하여야 합니다. 水월령은 亥子월을 말합니다.

丁火일간이나 壬水일간이 丁壬합하여 木기로 화하고자 한다면 우선 木월령을 득하여야 합니다. 木월령은 寅卯월을 말합니다.

戊土일간이나 癸水일간이 戊癸합하여 火기로 화하고자 한다면 우선 火월령을 득하여야 합니다. 火월령은 巳午월을 말합니다.

월령을 득한다는 것은 강한 기세를 얻고자 함이니, 화오행이 월령을 득하면 강한 기세를 갖게 되므로 일간은 강한 화오행에 종할 수 있는 것입니다.

● 사주에 화오행을 거스르는 세력이 없어야 합니다.
종격이나 화격은 왕기를 거스르는 세력을 가장 싫어합니다. 그러므로 사주에
거스르는 세력이 하나라도 있다면 종격이나 화격이 성립되지 아니하고 운에
서 거스르는 세력이 온다면 패망하고 마는 것입니다.

천간합	甲己	乙庚	丙辛	丁壬	戊癸
화오행	土	金	水	木	火
거스르는 세력	木	火	土	金	水

◆ 사주의 지지에 화오행의 세력이 강하여야 합니다.

천간합	甲己	乙庚	丙辛	丁壬	戊癸
화오행	土	金	水	木	火
지지세력	辰戌 丑未	申酉戌 巳酉丑	亥子丑 申子辰	寅卯辰 亥卯未	巳午未 寅午戌

화오행이 세력을 갖는데는 방합이나 삼합이 가장 위력이 크다고 할 것입니다.
방합이 가장 강하고 삼합이 그 다음으로 강한 세력을 형성합니다.

● 운에서 화오행을 생하는 오행을 가장 좋아합니다.
봄에 태어난 丁火일간이 丁壬합하여 木이 화오행이 되었는데 지지에 인묘진
이나 해묘미의 세력이 있다면 강력한 화오행이 되는 것입니다. 이때 운에서 水
나 木으로 더욱 강하게 하여주면 좋아하게 됩니다.

3 화격의 작용

화한 것이 진실되어야 화한 것으로 논하는데 화신化神에도 여러 가지가 있다.
- 적천수 -

화격의 작용에도 역시 희기 배합의 이치가 있으므로 진화眞化와 가화假化가 있으며 화신에도 여러 가지 작용이 있다고 하는 것입니다.

진화	화의 세력이 월령을 득하고 거스르는 세력이 없을 때
가화	화오행을 거스르는 세력이 미약하게 존재할 때

● 진화와 가화는 진종과 가종과 다를 것이 없습니다.

진화는 월령과 사주의 세력이 화하는 세력이어야 한다는 것입니다. 하나라도 일간을 돕는 인비가 있거나 화오행을 거스르는 세력이 있다면 진정으로 화하기 어렵습니다.

다만 거스르는 오행이 천간에만 있다든지 지지에만 있다면 세력이 없으므로 가화할 수 있습니다. 운에서 간지가 결합되면 세력이 생기므로 화격은 깨지고 일반격의 역할을 합니다.

화오행이 월령을 득하지 아니하고 세력만으로 화하고 사주에 거스르는 세력이 없다면 진종과 다름없으나 월령이 투출하는 운이 온다면 어려움이 가중되기 쉽습니다.

● 화격에서 일간의 뿌리를 논한다면

일간은 화오행의 뿌리를 가져야 진정으로 화한다고 할 수 있습니다. 일간이 화오행을 거스르는 세력의 뿌리를 가진다면 진정으로 화한다고 할 수 없기 때문입니다.

시	일	월	년	구분
己	甲	壬	戊	천간
巳	辰	戌	辰	지지

庚	己	戊	丁	丙	乙	甲	癸	대운
午	巳	辰	卯	寅	丑	子	亥	

적천수천미 화격편에 나오는 명조입니다.
戌월에 土가 월령이고 사주에 土기가 왕하고 土기를 거스르는 木기가 없으니 甲己가 합하여 화토化土격이지만 甲木이 辰土에 뿌리가 있으므로 가화격입니다.

다만 戌土가 가을土이므로 건조하여 허하지만 壬水로 적셔주므로 乙丑대운에 과거에 합격하고 戊戌년에 土기를 지원하여 진사가 되었으나 동방 木운에는 土기를 거스르니 더 이상의 발전이 없으나 대운 천간의 丙丁火로 인하여 커다란 흉화는 없었다고 합니다.

시	일	월	년	구분
甲	壬	丁	己	천간
辰	午	卯	卯	지지

己	庚	辛	壬	癸	甲	乙	丙	대운
未	申	酉	戌	亥	子	丑	寅	

적천수천미 화격편에 나오는 명조입니다.
월령이 木이고 사주에 木기가 많으니 壬水가 丁火와 합하여 화목化木격이지만 壬水가 辰土에 통근하므로 가화격이 됩니다.

木기가 왕성하고 甲木이 시간에 투출하여 더욱 더 왕한데 午火가 왕기를 설기하니 아름답지만 己土로 인하여 북방 水운이 도와주지 못하고 있습니다. 어려서 과거에 합격하고 대학에 들어갔으나 아쉽게도 벼슬을 제대로 하지 못하였다고 합니다. 火운이었다면 己土를 생하여 부귀가 함께 하였을 것입니다.

시	일	월	년	구분
己	甲	甲	己	천간
巳	子	戌	卯	지지

丙	丁	戊	己	庚	辛	壬	癸	대운
寅	卯	辰	巳	午	未	申	酉	

적천수천미 가화격편에 나오는 명조입니다.

土월령을 득하고 甲己합이 되었으나 卯木과 子水가 있으므로 진정한 화격이라고 보기 어렵습니다. 그러므로 가화격이라고 합니다. 巳午未 火운에 화격을 도우니 벼슬이 높아 귀하게 되었다고 합니다.

시	일	월	년	구분
己	甲	丙	甲	천간
巳	申	子	子	지지

甲	癸	壬	辛	庚	己	戊	丁	대운
申	未	午	巳	辰	卯	寅	丑	

적천수천미 가화격편에 나오는 명조입니다.

水월령에 土기마저 약하여 화토격이 성립되지 아니합니다.

시	일	월	년	구분
辛	壬	丁	甲	천간
亥	辰	卯	辰	지지

乙	甲	癸	壬	辛	庚	己	戊	대운
亥	戌	酉	申	未	午	巳	辰	

적천수천미 가화격편에 나오는 명조입니다.

木월령에 木기가 왕하여 丁壬합으로 화목격이 성립되나 辛金이 있어 가화격이 됩니다. 巳午未 火운에는 좋았으나 申酉 金운에 왕신을 거스르니 벼슬도 하지 못하고 재물손실을 많이 보았다고 합니다.

인비식	인성과 비겁 그리고 식상의 세력이 비슷함
비식재	비겁 그리고 식상과 재성의 세력이 비슷함
재관인	재성과 관살 그리고 인성의 세력이 비슷함
관인비	관살 그리고 인성과 비겁의 세력이 비슷함

완전한 형상이라면 재성운으로 가는 것이 좋으며 재성이 왕해야 한다.

- 적천수 -

세부학습

◉ 전상격全象格은 인비와 식재관의 세력의 균형입니다.
억부의 원칙은 인비와 식재관의 힘의 균형을 조절하는 데 있습니다.
그러나 인비와 식재관의 균형이 비슷하다면 완전한 형상을 갖추었다
고 하여 전상격이라고 합니다.

비단 인비와 식재관의 균형만이 아니라 인비식, 식재관, 재관인, 관인비의
세력이 비슷하여도 전상이라고하며 삼상격三象格이라고도 합니다.

● 인비식의 경우

인성과 비겁과 식상의 세력이 비슷하다는 것으로 세 기운이 모여 있는 것을 말합니다. 세 기운이 모여 있으며 세력이 비슷하므로 하나의 세력을 형성하여 재성으로 설기됨을 바라고 있는 것입니다. 전문가의 사주에서 많이 보는 형태입니다.

인비식이 결합된 것을 완전한 형상이라고 하는 것입니다. 완전한 형상을 이루었으니 그 기세는 막강한 것으로 하나의 기세와 같습니다.
그러므로 식상의 자식인 재성으로 흐르는 것이 최선입니다. 이때 재성운은 왕해야 하므로 간여지동의 운이 와야 하는 것입니다.

인비식 대신에 비식재가 들어갈 수 있으며, 재관인, 관인비의 구조도 들어갈 수 있습니다.

비식재의 구조이라면 관살운으로 향하는 것이 좋은 것이며
재관인의 구조이라면 비겁운으로 향하는 것이 좋은 것이며
관인비의 구조이라면 식상운으로 향하는 것이 좋다고 할 수 있습니다.

세 개가 모여 하나의 세력을 형성하였으니, 삼상격이라고 하며 전문가의 능력을 발휘합니다.

시	일	월	년	구분
甲	丁	丙	戊	천간
辰	卯	辰	申	지지

甲	癸	壬	辛	庚	己	戊	丁	대운
子	亥	戌	酉	申	未	午	巳	

적천수천미 전상편에 나오는 명조입니다.

甲木은 뿌리가 깊지만 辰월에는 기운이 약해지고 있으며 戊土는 辰월에 土왕절이지만 申金위에 있어 다소 약하다고 하며 丙丁火비겁이 비록 통근을 하지못하고 있지만 辰월은 양기가 오르는 과정이므로 火기가 약하다고 할 수 없습니다. 그러므로 木火土의 기운이 서로 비슷하여 전상격을 이루고 있습니다. 火土운에 자신의 주체성을 찾지 못하다가 庚申대운부터 木火土의 기운이 금재성운으로 설기되며 가업을 일으켜 거액의 부자가 됩니다.

시	일	월	년	구분
丁	丙	辛	己	천간
酉	午	未	巳	지지

癸	甲	乙	丙	丁	戊	己	庚	대운
亥	子	丑	寅	卯	辰	巳	午	

적천수천미 전상편에 나오는 명조입니다.

丙火일간이 未월에 태어나 지지에 巳午未의 방합을 형성하고 丁火겁재가 있어 세력이 매우 강왕합니다. 己土역시 巳午未 방합에 의하여 세력이 강왕하고 辛金은 巳酉 金국에 통근하여 약하지 아니합니다. 그러므로 火土金의 세력이 비슷하므로 전상격이라고 합니다. 木火운을 만나 조상이 물려준 것을 모두 탕진하고 어렵게 살다가 60세가 되어 水운으로 들어서니 乙丑대운에 좋은 기회를 만나 부자가 되고 첩과 아들을 얻어 90세까지 살았다고 합니다.

06 양신성상격兩神成象格

상생격	木火, 火土, 土金, 金水, 水木 상생의 사주구조
상극격	木土, 土水, 水火, 火金, 金木 상극의 사주구조

세부학습

⊙ 두 기운의 세력을 일반적으로 양신성상격이라고 합니다. 木火, 火土, 土金, 金水, 水木으로 이루어진 상생의 사주구조와 木土, 土水, 水火, 火金, 金木으로 이루어진 상극의 사주구조를 양신성상격이라고 합니다.

상생의 구조에서는 설기하는 운이 좋고, 상극의 구조에서는 두 기운을 이어주는 통관용신을 귀하게 여기며 왕신을 극제하면 불리합니다.

시		일		월		년		구분
丁		甲		丁		甲		천간
卯		午		卯		午		지지
乙	甲	癸	壬	辛	庚	己	戊	대운
亥	戌	酉	申	未	午	巳	辰	

적천수천미 양신성상편에 나오는 명조입니다.

木火구조로 되어있는 사주입니다. 己巳대운에 과거에 급제하고 庚午대운에 金기가 있어 직위가 떨어졌으나 火운이라 무난하였다고 합니다.

시		일		월		년		구분
乙		丁		乙		丁		천간
巳		卯		巳		卯		지지
丁	戊	己	庚	辛	壬	癸	甲	대운
酉	戌	亥	子	丑	寅	卯	辰	

적천수천미 양신성상편에 나오는 명조입니다.

木火구조로 되어있는 사주입니다. 木운에는 왕신을 도와 벼슬이 순조로웠으나 水운에는 火기가 손상당하여 어려움이 많았다고 합니다.

시		일		월		년		구분
戊		丙		戊		丙		천간
戊		午		戊		午		지지
丙	乙	甲	癸	壬	辛	庚	己	대운
午	巳	辰	卯	寅	丑	子	亥	

적천수천미 양신성상편에 나오는 명조입니다.

火土구조로 되어있는 사주입니다. 庚子 辛丑운에는 왕기를 설기하여 고시에 합격하였으나 壬寅운 壬水년에는 火기가 촉발되어 죽었다고 합니다.

시		일		월		년		구분
辛		戊		辛		戊		천간
酉		戊		酉		戊		지지
己	戊	丁	丙	乙	甲	癸	壬	대운
巳	辰	卯	寅	丑	子	亥	戌	

적천수천미 양신성상편에 나오는 명조입니다.

土金으로 이루어진 사주입니다. 癸亥운에 소년 급제하였으나 丙寅대운에는 土金기가 손상을 당하여 직위가 떨어지게 되었습니다.

시	일	월	년	구분
壬	癸	辛	壬	천간
子	丑	亥	子	지지
己 戊	丁 丙	乙 甲	癸 壬	대운
未 午	巳 辰	卯 寅	丑 子	

적천수천미 독상편에 나오는 명조입니다.

金水로 이루어진 사주입니다. 왕기를 설기하는 木운에 발전하고 丙辰대운에
비겁들의 군겁쟁재가 발생하여 세상을 하직하였다고 합니다.

시	일	월	년	구분
癸	戊	癸	戊	천간
亥	戌	亥	戌	지지
辛 庚	己 戊	丁 丙	乙 甲	대운
未 午	巳 辰	卯 寅	丑 子	

적천수천미 양신성상편에 나오는 명조입니다.

土水기로 이루어진 사주입니다. 木火운으로 이어지며 과거에 연이어 급제하
고 운에서 거스르지 아니하니 벼슬길이 순탄하였다고 합니다.

시		일		월		년		구분
己		癸		己		癸		천간
未		亥		未		亥		지지
辛	壬	癸	甲	乙	丙	丁	戊	대운
亥	子	丑	寅	卯	辰	巳	午	

적천수천미 양신성상편에 나오는 명조입니다.

초년 火土운에 己土칠살을 생하여주니 어려움이 많았으나 乙卯대운으로 들어서며 기이한 인연을 만나 갑자기 현령이 되었다고 합니다.

金기가 통관용신이 되어야 하나 사주에 없고 식상운인 동방운에 설기와 제살이 아름다워 출세하게 되었다고 합니다.

Summary

◆ 전왕용신의 종류

일행득기격	사주 전체가 한 가지 오행으로만 되어 있는 것
양신성상격	사주 전체가 두 가지 오행으로만 되어 있는 것
삼상격	사주 전체가 세 가지 오행으로만 되어 있는 것
종격	사주에서 가장 강한 세력에 따라가는 것
화격	천간에서 화한 세력으로 따라가는 것

● 전왕專旺이란 오로지 하나의 기운이 왕성한 것을 말합니다.
사주에서 木기운으로만 되어 있다면 木기운이 일행득기격으로 전왕하다고 합니다. 그러므로 木이 전왕용신이 되는 것입니다.

두 가지나 세 가지가 왕성한 결합을 하고 있다면 전왕하다고 합니다.
양신성상격이나 삼상격이 그러합니다.

● 세력이 매우 크므로 화化하는 대운이 끌어 유통시켜야 합니다.
운에서 이끌어 유통시킨다는 것은 화하여 주는 대운이 와야 좋다는 것입니다.
전왕용신의 세력이 크므로 화하여 이끌어주는 대운도 역시 강해야 화하여 이끌어 줄 수 있기 때문입니다.

◆ 하나의 기운으로 되어있는 일행득기격

木	火	土	金	水
곡직격	염상격	가색격	종혁격	윤하격

◆ 종격從格의 종류

신강	종강격, 종왕격
신약	종아격, 종재격, 종살격, 종세격
음양	종기격

◆ 화격化格의 종류

木	火	土	金	水
丁壬 화목격	戊癸 화화격	甲己 화토격	乙庚 화금격	丙辛 화수격

◆ 삼상격三象格은 인비와 식재관의 세력의 균형입니다.

인비식	인성과 비겁 그리고 식상의 세력이 비슷함
비식재	비겁 그리고 식상과 재성의 세력이 비슷함
재관인	재성과 관살 그리고 인성의 세력이 비슷함
관인비	관살 그리고 인성과 비겁의 세력이 비슷함

◆ 두 기운의 세력으로 이루어진 것을 양신성상격이라고 합니다.

상생국	木火, 火土, 土金, 金水, 水木 상생의 사주구조
상극국	木土, 土水, 水火, 火金, 金木 상극의 사주구조

제5장
조후용신론

調候用神論

01 조후용신調候用神의 개념

◉ 조후용신은 계절에 따른 한난조습 조절, 환경에 대한 적응력입니다.

봄木	여름火	가을金	겨울水
습濕	난暖	조燥	한寒
습기	더운 열기	마름	추운 한기

● 水火의 변화에 따른 기후 조절

조후는 水火의 성쇠에 따른 기후의 조절입니다.

자연의 기후는 水火의 성쇠로 한난조습을 만들어 냅니다.

봄木	얼었던 水기를 火기로 녹여 대지를 습하게 하여 만물에게 생명에 너지를 공급
여름火	水기가 火기에 의하여 열기로 변화하며 만물을 번창하게 함
가을金	만물에게 공급하였던 水기를 거두어 들임
겨울水	火기를 끊고 水기를 얼려서 저장

● 조후용신에 대한 교과서는 궁통보감입니다.

궁통보감窮通寶鑑은 난강망欄江網 혹은 조화원약造化元鑰이라고도 하며 저자는 미상이나, 대체로 청나라 여춘대余春臺의 저서라고 알려져 있으며 서낙오徐樂吾가 1886년에 편저하여 출판하였습니다.

● 조후용신은 계절에 대한 적응력입니다.

태어난 계절을 중시하여 기후에 적응하기 위하여 필요한 것이 조후용신입니다. 일간과 월령과의 조합으로 기세의 왕쇠를 판단하며 격국의 고저와 성정의 변화를 살피는 것입니다.

● 조후용신은 격국의 고저로 부귀빈천을 판별합니다.

궁통보감은 사계절의 변화를 중시하며 일간의 계절에 대한 적응력으로 사주체의 부귀빈천을 판별하였다고 할 수 있습니다. 일간의 월령에 대한 적응력은 격국의 고저로 나타나며, 격국의 고저는 부귀빈천의 판별요소가 되기도 합니다.

● 조후용신은 한난조습의 변화입니다.

자연은 사계절로 한난조습의 변화를 만들어냅니다. 겨울과 여름은 한난의 계절이고 가을과 봄은 조습의 계절입니다. 이는 水火의 조화로 만들어 지는 것입니다.

겨울의 차가운 水기가 火기에 의하여 녹으면 봄의 습기가 되어 만물을 성장하게 만들고, 가을의 조기는 만물에게서 水기를 회수하여 마르게 하는 것이므로 만물은 성장을 멈추고 휴면상태로 들어가게 됩니다.

봄 여름에 나뭇잎이 무성한 것은 습기濕氣때문이고, 가을 겨울에 단풍이 들고 낙엽이 지는 것은 마르는 조기燥氣 때문입니다.

● 조후용신은 水火의 조절입니다.

水기가 왕성하면 차가운 기운으로 한냉하므로 따뜻한 火기로 조절합니다.

火가 왕성하면 뜨거운 기운으로 조열하므로 水기로 조절합니다.

火기가 쇠약하면 木기로 도와주고, 水기가 쇠약하면 金기로 도와줍니다.

土기는 水火기의 태과함을 조절하는 작용을 합니다.

한냉寒冷은 火기가 미약하여 水기가 얼고 차가워진 상태

조열燥熱은 水기가 미약하여 火기가 마르고 뜨거운 상태

● 조후용신은 환경에 대한 적응력입니다.

사주팔자의 천간과 지장간이 자연의 조화에 적응하는 것을 표현한 것이 조후용신입니다. 일간이 태어난 계절마다 월마다 기후에 대한 적응력으로 적합한 용신이 조후용신입니다.

水기는 亥子丑의 지지가 추운 환경을 조성하고, 火기는 巳午未의 지지가 더운 환경을 조성합니다. 일간이 각 계절에 적응하기 위하여 필요한 것이 무엇인가를 판별하는 것이 조후용신입니다.

일간이 각 계절을 적응하기 위한 조후용신과 희신을 월별로 정리한 것이 궁통보감의 체계입니다.

조후용신은 환경의 적응력으로 삶의 경쟁력이기도 합니다.

격국의 고저를 판별하고 십간의 성정을 살피며 부귀빈천을 결정하는 요소가 되는 이유입니다.

십간의 성정은 물상론의 기초가 됩니다.

일간의 월별 조후용신

기본개념

甲木

월	寅	卯	辰	巳	午	未	申	酉	戌	亥	子	丑
용신	丙癸	庚戊己	庚壬	癸丁庚	癸丁庚	丁庚	丁庚戊	丁丙庚	丁壬戊	庚丁丙	丁庚丙	庚丁

乙木

월	寅	卯	辰	巳	午	未	申	酉	戌	亥	子	丑
용신	丙癸	丙癸	癸丙	癸庚辛	癸丙	癸丙	丙癸己	丙癸	癸辛	丙戊	丙戊己	丙戊己

丙火

월	寅	卯	辰	巳	午	未	申	酉	戌	亥	子	丑
용신	壬庚	壬庚辛	壬甲	壬庚	壬庚	壬庚	壬戊甲	壬庚	甲壬	甲戊庚	壬戊	壬甲

丁火

월	寅	卯	辰	巳	午	未	申	酉	戌	亥	子	丑
용신	庚	庚甲	甲庚	甲庚	壬庚	甲壬	甲庚丙	甲庚丙	甲庚	甲庚	甲庚	甲庚

戊土

월	寅	卯	辰	巳	午	未	申	酉	戌	亥	子	丑
용신	丙甲癸	丙甲癸	甲丙癸	甲丙癸	壬甲	癸丙	丙癸甲	丙癸	甲癸丙	甲丙	丙甲	丙甲

己土

월	寅	卯	辰	巳	午	未	申	酉	戌	亥	子	丑
용신	丙戊	甲癸丙	丙癸甲	癸丙辛	壬丙庚	癸丙辛	丙癸	丙癸	甲癸	丙甲	丙甲	丙甲

庚金

월	寅	卯	辰	巳	午	未	申	酉	戌	亥	子	丑
용신	丙甲	丁甲	甲丁	壬戊丙	壬癸	丁甲	丁甲	丁甲丙	甲壬	丁丙甲	丁丙甲	丙丁甲

辛金

월	寅	卯	辰	巳	午	未	申	酉	戌	亥	子	丑
용신	己壬庚	壬甲	壬甲	壬甲癸	壬己癸	壬庚	壬甲	壬	甲壬	壬丙	丙壬	丙壬

壬水

월	寅	卯	辰	巳	午	未	申	酉	戌	亥	子	丑
용신	庚丙戊	戊辛庚	甲庚	壬辛庚	癸庚辛	辛癸甲	戊丁	甲	甲丙	戊庚	戊丙	丙甲

癸水

월	寅	卯	辰	巳	午	未	申	酉	戌	亥	子	丑
용신	辛丙	庚辛	丙辛甲	辛壬	庚壬辛	庚壬	丁甲	辛丙	辛甲	庚辛	丙辛	丙壬戊

조후용신은 일간별 계절별 패턴이 있습니다.

여름에는 水기가 필요하고 , 겨울에는 火기가 필요한 것은 공통적 입니다.

木

木은 거침없이 솟아오르는 성질이 있으며 기운이 무거우면 金으로 다스려야 합니다. 金이 있으면 마땅히 높아지고 거두어들이는 덕이 있다고 합니다.

무거운 土를 좋아하는데 뿌리를 깊고 견고하게 뻗을 수 있기 때문이며 土가 적으면 가지만 무성하고 뿌리가 위태해지는 근심이 있다고 합니다. 木은 水의 생함에 의지하고 水가 적어야 윤택하고 水가 많으면 떠다니며 표류하게 됩니다.

甲子, 乙丑, 甲寅, 乙卯, 甲辰, 乙巳는 木이 살아가는 곳이니 모두 활목活木 또는 생목生木이라 하며, 甲午, 乙未, 甲申, 乙酉, 甲戌, 乙亥는 木이 쇠하므로 모두 사목死木이라 합니다.

생목은 火를 얻어야 성장을 하니 丙丁火가 필요한 것이며
사목은 金을 얻어야 다듬어지니 庚辛金이 있어야 이롭다고 합니다.
생목이 金을 보면 스스로 상하고 사목은 火를 얻으면 저절로 타버리며 바람이 없어야 그치고 水氣를 만나야 火의 세력이 없어집니다.

봄의 木은 차가운 한기가 남아 있으므로 따뜻한 火기로 움츠린 몸을 펼 수 있으며 水기로 자양해주면 뻗어나가는 아름다움이 있습니다.

이른 봄에는 水가 왕성하여 음기가 짙어지면 뿌리가 상하고 가지가 마르게 되며 또한 춘목의 양기는 뜨겁고 열이 많아 水가 없으면 잎이 시들고 뿌리가 마른다고 합니다. 그러므로 水火는 조화되어야 아름답다고 하는 것입니다.

土가 많으면 기운이 손상되고 土가 엷어야 재물이 풍부해진다고 하며 무거운 金을 만나는 것을 꺼리는데 관살에 의하여 극제되어 상처만 남아 일생이 한가롭지 못하다고 합니다. 그러나 木이 왕하면 金을 얻어야 좋고 평생토록 복을 얻는다고 합니다.

여름의 木은 뜨거운 火기로 인하여 뿌리와 잎이 메마르고 구부러지니 왕성한 水를 얻어야 윤택하여 질 수 있는 것입니다.

土가 엷어야하며 두터우면 오히려 재앙과 허물이 있고 金이 많은 것을 싫어하지만 부족해도 곤란하니 중첩된 숲을 다듬고 깎을 수 없으므로 결실을 얻을 수 없기 때문입니다.

가을의 木은 기운이 점차 차가워지므로 시들게 되지만 초가을에는 화기가 아직 남아 있어 水와 土로 윤택하게 해주어야 합니다.
중추에는 과실이 무르익으니 강한 金으로 다듬어 주어야 합니다.

戌월 한로에는 火의 열기를 기뻐함은 木의 재목이 실해지기 때문이며, 상강이 후에 水가 왕성하다면 木이 떠다니게 됩니다.
木이 많으면 재목이 되어 유익하여지나 土가 두터우면 스스로 감당하기 어렵다고 합니다.

겨울의 木은 땅위에 휘어지고 土가 많아야 기를 수 있습니다. 水가 왕성하면 모습을 잃게 되고 金이 많다고 극벌해서도 안된다고 합니다. 火를 거듭하여 보면 따뜻해지므로 좋다고 합니다.

겨울은 뿌리로 돌아가는 때이니 土의 도움을 받아야 편안하고 午未申의 사절지를 기피하고 오직 子丑寅의 생왕하는 운으로 가야 마땅하다고 합니다.

봄철 甲木의 조후용신

○ 甲 ○ ○	○ 甲 ○ ○	○ 甲 ○ ○
○ ○ 寅 ○	○ ○ 卯 ○	○ ○ 辰 ○

寅월에는 丙火를 전용하고 癸水로 보좌합니다.
卯월에는 庚金을 전용하고 戊己土로 보좌합니다.
辰월에는 庚金을 전용하고 壬水로 보좌합니다.

寅월 甲木

초봄인지라 아직 추위가 가시지 아니하였으므로 丙火의 火기가 절대적으로
필요하고 癸水가 甲木의 자양분이 되어야 부귀하게 됩니다.

추운 나무가 따뜻한 丙火를 바라보는 것을 한목향양寒木向陽이라고 하여 丙火
가 투출하고 癸水가 암장되어야 주로 부귀하다고 합니다.

卯월 甲木

卯월은 甲木의 양인월이라고도 합니다. 양인陽刃은 일간의 칼이므로 이를 다
스릴 수 있는 庚金칠살을 얻으면 양인가살陽刃駕煞이라고 하며 戊己土재성으
로 庚金을 생하여야 영웅이 될 수 있습니다.

辰월 甲木

水기가 마르고 火기가 발전하는 때이므로 甲木이 火기로 인하여 쇠약해 질 때
입니다. 庚金을 우선 취하여 壬水를 생하여주고 壬水가 火기를 억제하여야 부
귀해 진다고 합니다.

여름철 甲木의 조후용신

○ 甲 ○ ○	○ 甲 ○ ○	○ 甲 ○ ○
○ ○ 巳 ○	○ ○ 午 ○	○ ○ 未 ○

巳월에는 癸水를 전용하고 丁火와 庚金으로 보좌합니다.
午월에는 癸水를 전용하고 丁火와 庚金으로 보좌합니다.
未월에는 丁火를 전용하고 庚金으로 보좌합니다.

巳월의 甲木

巳월에 태어난 甲木은 기운이 쇠약해지고 火기가 왕성해지는 시기이므로 癸水를 전용하고 巳중 庚金이 생하는 시기이므로 甲木을 보호하기 위하여 丁火로 보좌하여야 합니다.

午월의 甲木

午월에 태어난 甲木은 火기에 의하여 허약하고 타들어가므로 먼저 癸水를 전용하여 甲木을 적셔주고 丁火를 사용하여 庚金을 제련하여야 결실을 맺을 수 있습니다. 丁火를 쓴다면 북방 水운으로 가야 좋다고 합니다.

未월의 甲木

未월 삼복에는 丁火가 물러가는 때이므로 甲木으로 丁火를 생하여 庚金을 제련하며 癸水는 없어도 무방하지만 남방 火운에서는 木이 타버리니 북방 水운으로 가야 좋다고 합니다.

가을철 甲木의 조후용신

○ 甲 ○ ○	○ 甲 ○ ○	○ 甲 ○ ○
○ ○ 申 ○	○ ○ 酉 ○	○ ○ 戌 ○

申월에는 丁火를 전용하고 庚金과 戊己土로 보좌합니다.
酉월에는 丁火를 전용하고 丙火와 庚金으로 보좌합니다.
戌월에는 丁火를 전용하고 壬癸水와 戊己土로 보좌합니다.

申월의 甲木

申월 甲木은 土金이 왕성하니 丁火를 전용하여 庚金을 제련하여야 합니다. 이때 癸水가 있다면 丁火를 꺼뜨려 귀함이 손상되므로 반드시 戊己土로 壬癸水를 억제하여야 합니다.

酉월의 甲木

酉월의 甲木은 휴수되어 갇히고 金기가 왕하여지므로 丁火를 우선 쓰고 丙火를 나중에 쓰며 庚金은 맨 마지막에 쓰게 됩니다. 丁火를 꺼트리는 癸水가 없어야 부귀가 온전해진다고 합니다.

戌월의 甲木

戌월의 甲木은 시들고 추위가 다가오니 오직 丁火를 전용하기를 좋아하며 壬癸水로 자윤하여 도와주면 좋아하고 戊己土와 庚金이 투출하여 조절해주면 부귀를 이룹니다.

겨울철 甲木의 조후용신

○ 甲 ○ ○	○ 甲 ○ ○	○ 甲 ○ ○
○ ○ 亥 ○	○ ○ 子 ○	○ ○ 丑 ○

亥월에는 庚金을 전용하고 丁丙火와 戊土로 보좌합니다.
子월에는 丁火를 전용하고 庚金과 丙火로 보좌합니다.
丑월에는 庚金을 전용하고 丁火로 보좌합니다.

亥월의 甲木

亥월 甲木은 庚金이 이미 숙성이 되었으므로 庚金을 전용하며 丁火로 庚金을
다스리고 丙火는 나중에 쓰는데 丙火가 부족하면 壬水가 범람하니 戊土로 壬
水를 제어해야 합니다.

子월의 甲木

子월 甲木은 차가우니 丁火로 우선 보호하고 庚金을 쓰며 丙火로 한기를 제거
하기도 합니다. 丙火는 한기를 제거하는데 효과적이고 丁火는 金기를 다스리
는데 효과적입니다. 그러므로 丙火와 丁火의 용도가 다릅니다.

丑월의 甲木

극한의 추위로 木의 성질이 극히 추워 살기 어려우므로 庚金을 전용하여 甲木
을 쪼개고 丁火로 인화하면 木火가 서로 통한다는 목화통명木火通明의 상으로
부귀를 얻을 수 있다고 합니다.

봄철 乙木의 조후용신

<table>
<tr><td>○ 乙 ○ ○
○ ○ 寅 ○</td><td>○ 乙 ○ ○
○ ○ 卯 ○</td><td>○ 乙 ○ ○
○ ○ 辰 ○</td></tr>
</table>

寅월에는 丙火를 전용하고 癸水로 보좌합니다.
卯월에는 丙火를 전용하고 癸水로 보좌합니다.
辰월에는 癸水를 전용하고 丙火로 보좌합니다.

寅월의 乙木

아직 한기가 남아 있으므로 丙火로 따뜻하게 하여주고 癸水로 자양해주어야 부귀가 함께 합니다. 丙火만 있어도 명예는 빛나나 丙火는 많은데 癸水가 부족하면 졸부로서 탁한 부자라고 합니다.

卯월의 乙木

양기가 점차 올라가며 추위가 가시지만 丙火의 온기가 필요하고 癸水의 자양도 필요하며 庚金은 어린 乙木을 다치게 하므로 庚金이 없어야 부귀하다고 합니다.

辰월의 乙木

火기가 점점 치열해지니 癸水로 자윤하여 주고 나중에 丙火로 설기하여 주어야 합니다. 木기는 火기가 치열하면 水기가 필요한데 특히 癸水를 선호하고 乙木이 왕성하면 丙火로 설기하는 것을 좋아하는데 己土와 庚金이 없어야 부귀하다고 합니다.

여름철 乙木의 조후용신

○ 乙 ○ ○	○ 乙 ○ ○	○ 乙 ○ ○
○ ○ 巳 ○	○ ○ 午 ○	○ ○ 未 ○

巳월에는 癸水를 전용하고 庚辛金으로 보좌합니다.
午월에는 癸水를 전용하고 丙火로 보좌합니다.
未월에는 癸水를 전용하고 丙火로 보좌합니다.

巳월의 乙木

巳월 乙木은 火기로 인하여 木기가 마르고 자연적으로 丙火가 존재하므로 癸水를 전용하게 됩니다. 庚辛金으로 癸水를 생하여 보좌하고 辛金이 투출하면 격국이 맑아진다고 합니다.

午월의 乙木

丁火가 사령하여 가뭄이 들었다고 합니다. 상반월은 양기에 속하니 癸水를 쓰고 하반월은 삼복에 한기가 나와 음기에 속하니 丙火와 癸水를 같이 쓴다고 합니다. 癸水가 허약하면 庚辛金이 癸水를 생하여 주어야 격국이 맑아집니다.

未월의 乙木

목성木性이 차가울 때이니 사주에 金水가 많으면 丙火를 존중합니다. 양기가 물러나는 때이지만 土왕절이므로 지지에 水국을 이루어도 乙木이 상하지 않으며 癸水가 투간하면 부귀하여 집니다.

○ 乙 ○ ○	○ 乙 ○ ○	○ 乙 ○ ○
○ ○ 申 ○	○ ○ 酉 ○	○ ○ 戌 ○

申월에는 丙火를 전용하고 癸水와 己土로 보좌합니다.
酉월에는 丙火를 전용하고 癸水로 보좌합니다.
戌월에는 癸水를 전용하고 辛金으로 보좌합니다.

申월의 乙木

金기가 사령한 것이니 丙火를 우선 쓰고 癸水를 나중에 쓴다고 합니다. 申월은 己土를 좋아하는데 己土가 투간하고 丙火가 있다면 상격이라고 합니다.

酉월의 乙木

酉월의 乙木은 가을꽃이니 추분전에는 癸水를 전용하여 꽃받침을 적셔주고 丙火의 빛을 받지만 추분이후에는 태양을 향하는 것을 좋아하니 丙火를 전용하고 癸水로 보좌하여 꽃이 핀다고 합니다.

戌월의 乙木

戌월 乙木은 뿌리가 마르고 잎이 떨어지니 반드시 癸水의 자양이 필요하고 辛金으로 癸水를 생하여야 부귀하여집니다. 甲木을 보면 등라계갑藤蘿繫甲으로 乙木넝쿨이 甲木고목에 의지하듯이 살아간다고 합니다.

겨울철 乙木의 조후용신

○ 乙 ○ ○	○ 乙 ○ ○	○ 乙 ○ ○
○ ○ 亥 ○	○ ○ 子 ○	○ ○ 丑 ○

亥월에는 丙火를 전용하고 戊土로 보좌합니다.
子월에는 丙火를 전용하고 戊己土로 보좌합니다.
丑월에는 丙火를 전용하고 戊己土로 보좌합니다.

亥월의 乙木

乙木은 추운 겨울에 태양을 바라보므로 丙火를 전용하고 亥월은 壬水가 사령
하는 때이므로 戊土로 보좌하여 壬水를 억제하여야 부귀하다고 합니다.

子월의 乙木

子월의 乙木은 꽃나무가 추울 때 나온 것이므로 丙火를 전용하여 태양을 바라
보게 하여야 합니다. 癸水가 있으면 꽃나무를 얼게 하는 것과 같으니 반드시
戊己土로 극제하여야 부귀하다고 합니다.

丑월의 乙木

丑월 乙木은 추운계곡이 얼어붙으니 丙火가 반드시 필요합니다. 癸水가 투간
하여 격을 깨지 아니하면 출세한다고 합니다. 혹한의 계절이니 癸水의 출간이
반갑지 않다고 합니다. 癸水가 있으면 戊己土로 다스려야 합니다.

火

불길이 치솟는 것이 진정한 火의 모습이고 남방에 위치해 있으므로 火는 밝다고 합니다. 빛은 오래가지 못하므로 지장간에 감추어 두어야 밝음은 없어도 없어지지는 않는다고 합니다.

火는 木을 체로 하므로 木이 없다면 火는 오래 유지할 수가 없기 때문이며 火는 水를 용으로 하므로 水가 없다면 火는 지나치게 작열하기 때문입니다. 그러므로 火가 많으면 부실하여지고 火가 작열하면 만물을 상하게 하는 것입니다.

木은 火를 저장할 수 있으니 寅卯방에서 火를 생하며 申酉를 만나면 필히 죽고 남방에 있으면 과단성이 있으며 북방에 있으면 두려워하며 예의를 지킨다고 합니다.

金이 火의 조화를 얻으면 주물을 녹일 수 있으며
水가 火의 조화를 얻으면 水火의 균형을 이루며
土를 만나면 밝음을 나타내지 못하니 어려움에 봉착하고
木을 만나면 왕성해 지며 영화로워 지지만 木이 죽으면 火가 허해지므로
이름을 날려도 오래가지 못한다고 합니다.

봄에는 木을 보기를 기피하니 木이 타버릴까 두렵고
여름에는 土를 보기를 기피하니 어두워질까 두렵고
가을에는 金을 보기를 기피하니 金을 극제하기 어렵고
겨울에는 水를 보기를 기피하니 水가 왕하여 火가 꺼지기 때문입니다.

봄의 火는 木火의 세력이 병행하니 木이 생하여 도와줌을 기뻐하나
너무 왕하면 화염이 왕해지므로 더불어 水가 왕성하여도 염려하지 않아
은혜를 입게 된다고 합니다.

土가 많으면 빛이 매몰되고
火가 왕성하면 조열하여 상하며
金을 보면 공을 이루며 종재하여도 재성을 쓸 수 있다고 합니다.

여름의 火는 당령을 하여 水를 만나야 스스로 타버림을 면할 수 있으며,
木을 보면 필히 요절하는 재앙을 초래할 것이며
金을 만나면 좋은 물건을 반드시 만들 것이며
土를 득하면 농사를 지어 수확을 할 수 있을 것이라고 합니다.
金土가 비록 좋아도 水가 없다면 金이 조열하고 土가 타버리며
다시 木이 도운다면 태과하여 위험한 지경에 처할 것이라고 합니다.

가을의 火는 조화로운 상태가 되려면 木을 얻어야 다시 밝아지는
경사가 있을 것이며
水를 만난다면 火가 꺼지게 됨을 면하기 어렵고
土가 많으면 빛이 매몰되고, 金이 많으면 火의 기세가 손상되며
火가 중첩되어도 빛이 나니 반드시 이롭게 된다고 합니다.

겨울의 火는 없어지는 때인지라 木의 생함으로 구해지며
水의 극을 만나면 재앙이 있으니 土의 보호가 있어야 영화로워지고
火비겁이 土를 생하여주면 이로우며
金을 보면 재성을 감당하기 어려우니 金이 없다면 해로움이 없다고 합니다.

천지가 기울어져 있다면 , 水火의 조화를 이루기 어렵다고 합니다.

봄철 丙火의 조후용신

○ 丙 ○ ○	○ 丙 ○ ○	○ 丙 ○ ○
○ ○ 寅 ○	○ ○ 卯 ○	○ ○ 辰 ○

寅월에는 壬水를 전용하고 庚金으로 보좌합니다.
卯월에는 壬水를 전용하고 庚辛金으로 보좌합니다.
辰월에는 壬水를 전용하고 甲木으로 보좌합니다.

寅월의 丙火

寅월 丙火는 火氣가 점점 커지므로 壬水가 절대적으로 필요합니다. 庚金으로 보좌하여 壬水를 생하여 주어야 부귀하다고 합니다.

卯월의 丙火

卯월의 丙火는 양기가 서서히 오르는 때이므로 壬水를 전용하고 壬水가 丁火와 합하지 않는다면 庚辛金과 己土를 쓰지만 壬水의 뿌리가 있어야 합니다.

辰월의 丙火

辰월 丙火는 火氣가 왕하여지는 때이므로 壬水를 전용하게 됩니다. 土왕절이므로 甲木으로 보좌하는데 壬水와 떨어져서는 안 된다고 합니다. 庚金이 甲木을 극제하는 것을 피한다면 수재라고 합니다.

여름철 丙火의 조후용신

○ 丙 ○ ○ ○ ○ 巳 ○	○ 丙 ○ ○ ○ ○ 午 ○	○ 丙 ○ ○ ○ ○ 未 ○

巳월에는 壬水를 전용하고 庚金으로 보좌합니다.
午월에는 壬水를 전용하고 庚金으로 보좌합니다.
未월에는 壬水를 전용하고 庚金으로 보좌합니다.

巳월의 丙火

巳火가 건록이므로 火의 기세가 매우 왕하여 오로지 壬水를 사용하여 火기의 위력을 해소하여야 水火의 조화를 이루며 壬水가 없다면 양의 기운이 고립되어 맑은 빛을 내기 어렵다고 합니다. 庚金을 득하면 壬水의 수원이 될 것이니 보좌하여 씁니다.

午월의 丙火

午월 丙火는 壬水로 열기를 식히고 庚金으로 壬水를 생하여 주어야 합니다. 庚金과 壬水가 투출하지 아니하여도 申金이 있다면 申중 壬水가 있고 庚金의 록이 있으니 지극히 좋으므로 공부할 수 있는 여건이 좋다고 합니다.

未월의 丙火

未월의 丙火는 火기가 물러가는 시기이고 삼복더위일지라도 차가운 한기가 생기므로 壬水를 전용하고 庚金으로 보좌해야 합니다.

가을철 丙火의 조후용신

○ 丙 ○ ○	○ 丙 ○ ○	○ 丙 ○ ○
○ ○ 申 ○	○ ○ 酉 ○	○ ○ 戌 ○

申월에는 壬水를 전용하고 戊土나 甲木으로 보좌합니다.
酉월에는 壬水를 전용하고 庚金으로 보좌합니다.
戌월에는 甲木을 전용하고 壬水로 보좌합니다.

申월의 丙火

태양이 서산으로 기우는 때이므로 土를 보면 어두어지니 壬水를 전용하여 태양 빛을 호수에 비추어 밝은 빛을 널리 퍼지게 하여야 합니다. 壬水가 많으면 戊土로 제하거나 甲木으로 설기하여야 합니다.

酉월의 丙火

酉월 丙火는 태양이 황혼에 접어드니 丙火의 남은 빛은 壬水의 바다와 호수에 밝게 빛나는 것을 좋아합니다. 庚金으로 壬水를 보좌합니다.

戌월의 丙火

戌월 丙火는 火기가 더욱 물러가므로 火를 어둡게 하는 土를 기피하니 반드시 甲木으로 土기를 극제하고 丙火를 생하여 壬水로 밝게 비추어 준다면 부귀하게 됩니다. 甲木와 壬水가 모두 투출하였다면 부귀하지만 壬水가 없다고 癸水를 쓴다면 부귀는 떨어지게 됩니다.

겨울철 丙火의 조후용신

	丙				丙				丙	
○	丙	○	○	○	丙	○	○	○	丙	○	○
○	○	亥	○	○	○	子	○	○	○	丑	○

亥월에는 甲木을 전용하고 戊土와 庚金으로 보좌합니다.
子월에는 壬水를 전용하고 戊土로 보좌합니다.
丑월에는 壬水를 전용하고 甲木으로 보좌합니다.

亥월의 丙火

亥월의 丙火는 실령을 한때이니 甲木으로 丙火를 생하여 도와주어야하며 戊土로 왕한 水기를 막아주고 戊土의 극제가 너무 심하면 水기가 마르므로 庚金으로 水기를 생하여 주어야 부귀하게 됩니다.

子월의 丙火

子월의 丙火는 동지에서 양기가 처음 나오는 때이므로 壬水를 전용하고 戊土로 보좌하게 됩니다. 壬水가 없고 癸水가 있다면 반드시 庚辛金의 생함이 있어야 손상이 없다고 합니다.

丑월의 丙火

丑월 丙火는 양기가 일어나는 때이니 눈과 서리를 업신여기므로 壬水를 쓰기 좋아하며 己土가 강하면 甲木이 적어서는 안 된다고 합니다.

봄철 丁火의 조후용신

○ 丁 ○ ○	○ 丁 ○ ○	○ 丁 ○ ○
○ ○ 寅 ○	○ ○ 卯 ○	○ ○ 辰 ○

寅월에는 庚金을 전용합니다.
卯월에는 庚金을 전용하고 甲木으로 보좌합니다.
辰월에는 甲木을 전용하고 庚金으로 보좌합니다.

寅월의 丁火

寅월의 丁火는 甲木이 당령하여 木기가 왕하여 甲木의 세력이 강하므로 庚金의 억제가 반드시 필요합니다. 인성이 강하면 재성으로 조절을 하는 이치입니다.

卯월의 丁火

卯월의 丁火는 습한 乙木으로 丁火가 상하므로 庚金으로 乙木을 제거하고 甲木으로 丁火를 인화하여야 합니다. 庚金이 아니면 乙木을 제지하기 어렵고 甲木이 아니면 丁火를 인화할 수 없기 때문입니다.

辰월의 丁火

辰월 丁火는 戊土가 사령하므로 丁火의 기가 설기되어 약하다고 하므로 甲木으로 戊土를 억제하고 丁火를 도우며 庚金으로 戊土를 설기하여 주어야 합니다.

여름철 丁火의 조후용신

○ 丁 ○ ○	○ 丁 ○ ○	○ 丁 ○ ○
○ ○ 巳 ○	○ ○ 午 ○	○ ○ 未 ○

巳월에는 甲木을 전용하고 庚金으로 보좌합니다.
午월에는 壬水를 전용하고 庚金으로 보좌합니다.
未월에는 甲木을 전용하고 壬水로 보좌합니다.

巳월의 丁火

巳월 丁火는 왕하므로 오로지 甲木을 취하여 丁火를 인화하여야 하는데 甲木은 반드시 庚金으로 쪼개어 써야합니다. 癸水는 꺼리는데 甲木을 적시고 丁火의 불을 끄기 때문입니다.

午월의 丁火

午월의 丁火는 건록의 시기이므로 甲木을 함부로 써서는 안 됩니다. 壬水가 년간에 투출하여 멀리 있어 丁火와 합을 탐하지 않으면 충성스러움이 두텁다고 합니다. 하나의 癸水가 투출하면 독살당권獨煞當權이라고 하여 우두머리가 된다고 합니다.

未월의 丁火

未월 丁火는 삼복이 한기를 만들어 丁火는 극히 쇠약해지므로 甲木이 투출하여 丁火를 생하고 壬水는 나중에 쓰면 부귀하게 된다고 합니다.

가을철 丁火의 조후용신

○ 丁 ○ ○	○ 丁 ○ ○	○ 丁 ○ ○
○ ○ 申 ○	○ ○ 酉 ○	○ ○ 戌 ○

申월에는 甲木을 전용하고 庚金과 丙火로 보좌합니다.
酉월에는 甲木을 전용하고 庚金과 丙火로 보좌합니다.
戌월에는 甲木을 전용하고 庚金으로 보좌합니다.

申월의 丁火

申월의 丁火는 火기가 물러가 약해지는 때이니 오로지 甲木을 전용하여 丁火를 생하여 주어야 합니다. 甲木이 丁火를 생하기 위하여서는 庚金으로 甲木을 쪼개어 인화하거나 丙火를 빌려 金을 따스하게 하고 甲木을 말려주는 상황이라면 丙火가 丁火의 빛을 빼앗는다고 염려할 것은 없다고 합니다.

酉월의 丁火

酉월의 丁火도 미약하여 甲木의 생함이 필요하고 甲木이 丁火를 생하기 위하여서는 庚金으로 甲木을 쪼개어 인화하여야 합니다. 乙木을 쓴다면 丙火로 말려야 등불을 밝힐 수 있다고 합니다. 甲木은 庚金을 떠날 수 없으며 乙木은 丙火를 떠날 수 없다고 합니다.

戌월의 丁火

甲木이 투출하면 학문이 뛰어나며 부귀할 수 있는데 단지 庚金이 작아서는 안된다고 합니다.

겨울철 丁火의 조후용신

○ 丁 ○ ○	○ 丁 ○ ○	○ 丁 ○ ○
○ ○ 亥 ○	○ ○ 子 ○	○ ○ 丑 ○

亥월에는 甲木을 전용하고 庚金으로 보좌합니다.
子월에는 甲木을 전용하고 庚金으로 보좌합니다.
丑월에는 甲木을 전용하고 庚金으로 보좌합니다.

亥월의 丁火

亥월의 丁火는 차갑고 미약하니 甲木으로 생하여주고 庚金으로 甲木을 쪼개어 써야 하는 것입니다. 그래야 丁火가 甲木을 인화하여 불을 지필 수 있다고 합니다.

子월의 丁火

子월의 丁火는 차갑고 미약하니 역시 甲木이 필요하고 庚金으로 甲木을 쪼개어 써야 합니다. 壬水가 쟁합하고 있다면 戊土를 취하여 壬水를 없애야 하고 戊土가 있다면 자그마한 부귀라도 있게 되나 戊土가 없다면 보통사람에 불과하다고하며 지장간에라도 있어야 한다고 합니다.

丑월의 丁火

丑월의 丁火는 역시 甲木이 소중하며 庚金으로 보좌하여야 하며 癸水와 戊土는 참작하여 쓰면 된다고 합니다.

오행의 土는 지지에서 辰戌丑未 사방으로 흩어져 있으며 봄 여름 가을 겨울의 계절의 사상四象에 의하여 사계절에 모두 쓰이기도 하며 기피하기도 한다고 합니다.

火가 酉金에서 죽고 水는 子水에서 왕한데 대개 土는 火운에 의지하므로 火가 죽으면 土는 휴수가 되므로 土는 水재성을 좋아하지만
水가 왕하면 土가 허해지고 土는 金火를 얻어야 큰 그릇이 된다고 합니다.

土가 지나치게 높으면 귀함이 없어지고 공중에 먼지만 날리게 되며
土가 모이면 막히고 침체되며, 土가 흩어지면 가벼워진다고 합니다.

辰戌丑未는 土의 바른 모습으로 음양으로 나뉘며 서로 다르며
辰土에는 水가 있고 未土에는 木이 있어 만물을 자양하여 봄과 여름에 공을 세우며 戌土에는 火가 있으며 丑土에는 金이 있어 가을의 火와 겨울의 金으로 만물을 숙살하므로 土는 辰未를 만나면 귀하고 戌丑을 만나면 귀하지 않다고 합니다.

사주에 土기가 유력하다면 전답과 재산을 비교할 수 없을 정도로 많으며 만년까지 부귀가 이어질 것이지만 만약 土가 태과하고 水가 없다면 말라버리므로 조화롭지 못하고, 木이 없으면 소통을 하지 못하고 土가 火를 보면 타버리며 여자의 명에 土가 많으면 오래 살지 못한다고 합니다.

봄의 土는 그 기세가 허약하고 떠있으니 실하지 못하여 火의 생부를 좋아하며 木이 태과함을 싫어하며 水가 넘치는 것을 기피하고 土비겁이 도와주는 것을 좋아한다고 합니다.

金을 얻어 木을 억제한다면 좋게 되지만 金이 태과하다면 土기를 설기 당하게 됩니다.

여름의 土는 그 기세가 조열하여 水를 얻어 윤택하게 하여야 성공하며 왕한 火기는 土를 말리어 갈라 터지게 하므로 싫어하고
木은 火를 타오르게 하므로 水의 극함이 있어도 거리낌이 없으며
金이 水를 생하여 넘치면 처와 재산이 유익하나 다시 비견을 보면 침체되고 막히어 통하지 않으니 木으로 극해야 마땅하다고 합니다.

가을의 土는 金이 왕성하여 土가 쇠약해지는 것이니
金이 많다면 土의 기세는 설기당하는 것이며
木이 왕성하다면 반드시 제복하여야 순수하고 선량하여지므로 이때는 火가 아무리 많아도 싫지 않다고 합니다.
水가 범람한다면 좋지 않으므로 이때 비견을 득하면 도움을 받을 수 있고 상강에는 戊土가 사령하므로 비견이 없어도 무방하다고 합니다.

겨울의 土는 밖은 춥고 안은 따뜻하며 水가 왕하면 재물이 풍성해지고 金이 많으면 자손이 총명하고 火가 왕성하면 영화로움이 있으며 木이 많아도 허물이 없으나 비견의 도움이 있어야 강건하고 장수하게 된다고 합니다.

辰戌丑未는 사계절의 土신이지만 未土가 극왕한 이유는
辰土는 木기의 극함을 동반하고 있고, 戊土와 丑土는 金기의 설기를 동반하고 있어 이 세 가지는 비록 왕하다 하여도 왕하지 아니하며 未土는 火기를 동반하므로 극왕해 진다고 합니다. 未土가 金을 보아 격국을 이루면 귀하지는 않아도 부자는 될 수 있다고 합니다.

봄철 戊土의 조후용신

○ 戊 ○ ○	○ 戊 ○ ○	○ 戊 ○ ○
○ ○ 寅 ○	○ ○ 卯 ○	○ ○ 辰 ○

寅월에는 丙火를 전용하고 甲木과 癸水로 보좌합니다.
卯월에는 丙火를 전용하고 甲木과 癸水로 보좌합니다.
辰월에는 甲木을 전용하고 丙火와 癸水로 보좌합니다.

寅월의 戊土

寅월의 戊土는 丙火로 戊土를 따뜻하게 하여주어야 하며 甲木으로 戊土를 소토하지 아니하면 戊土가 제 역할을 하지 못한다고 합니다. 또한 癸水로 적시어 주어야 甲木을 키우고 만물을 자라게 할 수 있으니 부귀가 따르게 됩니다.

卯월의 戊土

卯월에는 아직 한기가 머물러 있으므로 반드시 丙火로 한기를 제거하여야 만물이 성장할 수 있는 것이고 癸水로 자양하여 주어야 만물에게 젖을 공급하듯이 목마름을 해결할 수 있습니다.

辰월의 戊土

辰월은 土왕절이므로 戊土가 사령하였으니 반드시 甲木으로 소토하고 丙火와 癸水를 보아야 부귀하게 된다고 합니다.

여름철 戊土의 조후용신

○ 戊 ○ ○	○ 戊 ○ ○	○ 戊 ○ ○
○ ○ 巳 ○	○ ○ 午 ○	○ ○ 未 ○

巳월에는 甲木을 전용하고 丙火와 癸水로 보좌합니다.
午월에는 壬水를 전용하고 甲木으로 보좌합니다.
未월에는 癸水를 전용하고 丙火로 보좌합니다.

巳월의 戊土

巳월의 戊土는 양기가 올라가지만 한기가 내장되어 있어 火기를 두려워하지 않게 됩니다. 만물이 자라게 하려면 甲木을 먼저 써서 소통시키고 다음으로 丙火와 癸水를 써서 보좌하여야 만물이 풍성해지며 부귀하게 됩니다.

午월의 戊土

午월에는 火기가 왕성한 여름이므로 壬水를 전용하고 甲木으로 보좌하게 됩니다. 癸水는 힘이 미약하여 火기를 감당하기 어렵습니다.

未월의 戊土

未월에는 건조하고 메마르니 癸水로 적시는 것이 시급하며 丙火로 보좌하여 水火의 조화를 이루게 합니다.

丙火와 癸水가 함께 투출하면 부귀하여지고, 丙火가 없어도 癸水와 甲木이 투출하면 우수한 인재라고 합니다.

가을철 戊土의 조후용신

○ 戊 ○ ○	○ 戊 ○ ○	○ 戊 ○ ○
○ ○ 申 ○	○ ○ 酉 ○	○ ○ 戌 ○

申월에는 丙火를 전용하고 癸水와 甲木으로 보좌합니다.
酉월에는 丙火를 전용하고 癸水로 보좌합니다.
戌월에는 甲木으로 전용하고 癸水와 丙火로 보좌합니다.

申월의 戊土

申월의 戊土는 양기가 점차 들어가고 음기가 나오기 시작하므로 丙火를 먼저 사용하고 癸水로 윤택하게 하여 甲木으로 소토하여야 합니다. 甲木은 戊土를 극제하여 소토하기도 하지만 水기가 많으면 설기하기도 합니다.

酉월의 戊土

금기가 왕하므로 土기가 설기되니 丙火로 생하여 주는 것이 필요하며 癸水로 적셔주어야 금기를 생하여 줄 수 있습니다. 월령의 金기로 土기가 설기되는 것이니 甲木이 필요 없다고 합니다.

戌월의 戊土

戊土가 당령하여 甲木을 전용하나 戌월의 甲木은 약하므로 癸水로 생하여 쓰고 丙火를 나중에 쓰는 것입니다. 그러나 戊土와 癸水가 합을 하는 것을 꺼리게 됩니다.

겨울철 戊土의 조후용신

○ 戊 ○ ○	○ 戊 ○ ○	○ 戊 ○ ○
○ ○ 亥 ○	○ ○ 子 ○	○ ○ 丑 ○

亥월에는 甲木을 먼저 쓰고 丙火를 씁니다.
子월에는 丙火를 먼저 쓰고 甲木을 씁니다.
丑월에는 丙火를 먼저 쓰고 甲木을 씁니다.

亥월의 戊土

겨울의 戊土는 양기가 적으므로 甲木으로 戊土의 쓰임을 만들고 丙火로 따뜻하게 하여주어야 만물이 안전하게 성장한다고 합니다.

子월의 戊土

子월은 추위로 꽁꽁 얼어 붙어 있으므로 추운 계절이므로 丙火가 절대적으로 필요합니다. 甲木이 더불어 투출하여 丙火를 도우면 부귀하다고 합니다.

丑월의 戊土

丑월 역시 추위로 꽁꽁 얼어 붙어 있으므로 丙火가 반드시 필요하므로 丙火만 있어도 부자이고 甲木이 있어도 丙火가 없으면 가난하다고 합니다. 丙火와 甲木이 모두 없으면 하격이라고 합니다.

봄철 己土의 조후용신

○ 己 ○ ○	○ 己 ○ ○	○ 己 ○ ○
○ ○ 寅 ○	○ ○ 卯 ○	○ ○ 辰 ○

寅월에는 丙火를 전용하고 戊土로 보좌합니다.
卯월에는 甲木을 전용하고 癸水와 丙火로 보좌합니다.
辰월에는 丙火를 전용하고 癸水와 甲木으로 보좌합니다.

寅월의 己土

寅월의 己土는 추우므로 반드시 丙火로 따뜻하게 하여 만물이 스스로 살아가도록 하여야 합니다. 壬水는 己土를 진흙으로 만드니 병이 되므로 戊土로 막아야 귀하다고 합니다.

卯월의 己土

卯월에는 양기가 점차 상승하여지고 만물이 세상 밖으로 나오고자 하니 甲木으로 땅을 갈아 엎어주어야만 합니다. 그리고 癸水로 적시어 주어야 촉촉하게 하여 자양분을 공급해주어야 만물이 잘 자라게 됩니다. 더불어 따뜻한 丙火의 기가 있다면 만물은 성장할 것입니다.

辰월의 己土

辰월에는 곡식을 가꾸는 시기이므로 丙火로 土기를 따뜻하게 하고 癸水로 촉촉하게 만들고 甲木으로 소토를 하여야 만물이 성장을 하게 됩니다.

여름철 己土의 조후용신

○ 己 ○ ○ ○ ○ 巳 ○	○ 己 ○ ○ ○ ○ 午 ○	○ 己 ○ ○ ○ ○ 未 ○

巳월에는 癸水를 전용하고 丙火와 辛金으로 보좌합니다.
午월에는 壬水를 전용하고 丙火와 庚金으로 보좌합니다.
未월에는 癸水를 전용하고 丙火와 辛金으로 보좌합니다.

巳월의 己土

巳월은 곡식이 자라는 계절이므로 논밭에 물이 없으면 자라지 못하므로 癸水
가 절대적으로 필요하며 辛金으로 癸水를 생하게 하며 태양이 없으면 성장을
할 수 없으므로 丙火가 필요하게 됩니다.

午월의 己土

午월에는 火기가 강하므로 土기가 마르고 조열하다고 합니다. 丁火가 辛金을
억제하여 癸水의 뿌리가 없어 쓰지 못하니 부득이 壬水로 가뭄을 해결하고 庚
金으로 壬水의 수원을 삼아야 합니다.

未월의 己土

未월에는 건조하고 복중의 土기이니 열기로 인하여 세상이 찜통과도 같으므
로 癸水가 없다면 뜨거움과 건조함을 풀 수 없으므로 외롭고 가난한 명이 된다
고 합니다. 辛金으로 癸水를 생하여 보좌합니다.

가을철 己土의 조후용신

○ 己 ○ ○	○ 己 ○ ○	○ 己 ○ ○
○ ○ 申 ○	○ ○ 酉 ○	○ ○ 戌 ○

申월에는 丙火를 전용하고 癸水를 보좌합니다.
酉월에는 丙火를 전용하고 癸水를 보좌합니다.
戌월에는 甲木을 전용하고 癸水를 보좌합니다.

申월의 己土

申월의 己土는 만물을 거두는 때이므로 겉으로는 허해도 내부로는 실하다고 합니다. 차가운 기운이 점차 늘어나니 丙火의 온기와 癸水의 촉촉함으로 金기로부터 土기를 보호하여야 만물이 자랄 수 있기 때문입니다.

酉월의 己土

酉월에는 丙火로 왕한 金기를 억제하고 癸水로 金기를 설기하여야 己土가 만물을 자라게 할 수 있습니다. 왕한 金기를 억제 하지 못한다면 외롭고 고통스러울 것이라고 합니다.

戌월의 己土

가을 土는 土가 무거우니 반드시 甲木으로 소토하여야 합니다.
甲木이 가을에 약하니 역시 癸水로 甲木을 도와주어야 약간의 부라도 얻을 수 있다고 합니다.

겨울철 己土의 조후용신

○ 己 ○ ○	○ 己 ○ ○	○ 己 ○ ○
○ ○ 亥 ○	○ ○ 子 ○	○ ○ 丑 ○

亥월에는 丙火를 전용하고 甲木으로 보좌합니다.
子월에는 丙火를 전용하고 甲木으로 보좌합니다.
丑월에는 丙火를 전용하고 甲木으로 보좌합니다.

亥월의 己土

亥의 己土는 습하고 차가워 얼어붙은 土이므로 丙火의 따뜻함이 아니면 살지 못하므로 반드시 丙火로 녹여주어야 하고 甲木으로 보좌합니다. 초겨울의 壬水는 왕하므로 戊土로 억제하여야 합니다.

子월의 己土

丙火의 양기는 동지의 차가운 기를 제거하는데 적절하고, 丁火는 해동하기 어려우니 크게 쓰이지 않는다고 합니다. 그러므로 겨울의 추위를 제거하고자 한다면 丙火가 최선으로 쓰이고 甲木으로 보좌하는 것입니다.

丑월의 己土

丑월은 소한 대한의 계절로 매우 추운 날씨이므로 땅은 꽁꽁 얼기 마련입니다. 언 땅을 丙火로 녹여주고 甲木으로 丙火를 도와야 하는 것입니다.

金

金은 음이 지극하나 양의 정기를 포함하고 있어 견고하고 강하며 다른 것들과 달리 독특한 것이라고 합니다. 만약 음으로만 되어 있다면 견고하지 못하여 눈이나 얼음같이 火에 의해 소멸되고 말 것입니다.

金은 火의 제련이 없이는 그릇을 만들 수 없으므로
金이 무겁고 火가 가벼우면 일을 처리함에 번잡스럽고 어려울 것이며
金이 가볍고 火가 무거우면 녹아 없어질 것이며
金이 극강하고 火가 왕성하면 격이 최상으로 정기가 뛰어나게 됩니다.

金과 火가 완전하면 인장을 만들게 되니 벼슬을 하게 되고 丑土가 침범하면 모양이 훼손되니 벼슬을 내 놓게 되며 金火가 많으면 벼슬에 오르고 水木운에 이르면 오히려 불리하다고 합니다.

木火가 金을 제련하면 출세를 하고 물러나는 것이 빠르고
辛金이 水를 만나면 부유하고 출세하며 풍요가 넘쳐난다고 합니다.

金은 水를 생할 수 있으나 水가 왕하다면 金은 가라앉으며
土는 金을 생할 수 있으나 金이 많으면 土가 비천하여 지며
金이 없으면 水가 메마르고 水가 무거우면 金이 가라앉아 버리며
土가 없으면 金기가 끊어지나 土가 무거우면 金이 매몰되어 버리고

金火가 두 개씩이면 최상이고 金木이 두 개씩이면 풍족하다고 하며
하나의 金이 세 개의 水를 생한다면 힘이 약하여 감당하기 어렵고
하나의 金이 세 개의 木을 득한다면 둔하여 스스로 손상하게 됩니다.

金이 완성되면 火가 소멸되고 그릇이 미완성이면 火를 득하여야 하고
金이 이미 그릇이 되었다면 火가 더 이상 필요 없게 됩니다.
金은 申酉巳丑운에 이르면 역시 이루었다고 할 수 있으니 金水서북운이 좋고
木火동남운이 불리하다고 합니다.

봄의 金은 아직 한기가 남아있으므로 火기를 귀하게 여겨야 부귀가 있다고 합니다. 성질이 유약하고 체가 약하므로 두터운 土의 조력이 필요하며 水가 왕성하면 추위로 인하여 날카로운 세력을 쓰기 어렵습니다. 木이 왕성하면 힘이 손상되어 날카로움이 무디어져 위험하게 되므로 비견의 도움을 받는 것이 가장 좋은 방법이지만 火가 없다면 역시 도움이 안 된다고 합니다.

여름의 金은 더욱 유약하여 형질이 미비하므로 사절됨을 싫어하며
火가 많음을 싫어하지 아니하고 水가 왕성하여 자윤되어야 좋으며
木을 보면 火의 귀살을 돕게 되는 것이니 몸을 상하게 되고
金을 만나면 도움을 받아 정신이 강해지며
土는 엷어야 가장 유용하고 두터우면 매몰되어 빛을 내지 못합니다.

가을의 金은 당권하여 득령하였으므로 火가 단련하여야 종과 가마솥을 만들 재료가 될 수 있다고 하며 土가 많으면 오히려 무디어지고 탁한 기운을 만들며 水를 보면 정신이 우수하여지고 木을 만나면 깎고 쪼는 위엄이 있고 金이 도우면 점점 강해지나 강함이 지나치면 부러지는 것이니 기가 왕한 것이 극에 달하면 쇠하여진다는 이치입니다.

겨울의 金은 형질이 차가우며 성정이 냉정하므로 木이 많으면 다듬고 깎는 것이 어렵고 水가 왕성하면 가라앉는 우환을 면하기 어려우며 土는 水를 억제 할수 있으나 金을 차갑게 하지 않으려면 火가 土를 도와야 모자의 공을 이룹니다. 金비견의 도움을 좋아하며 火土관인으로 따뜻하게 하여주는 것이 이롭다고 합니다.

봄철 庚金의 조후용신

○ 庚 ○ ○	○ 庚 ○ ○	○ 庚 ○ ○
○ ○ 寅 ○	○ ○ 卯 ○	○ ○ 辰 ○

寅월에는 丙火를 전용하고 甲木으로 보좌합니다.
卯월에는 丁火를 전용하고 甲木으로 보좌합니다.
辰월에는 甲木을 전용하고 丁火로 보좌합니다.

寅월의 庚金

寅월의 庚金은 木기가 왕하여 金기를 생하지 못합니다. 金기의 차가운 한기가
아직 남아 있으므로 丙火를 우선 써서 庚金을 따뜻하게 하고 甲木으로 丙火를
보좌하여 주어야 합니다.

卯월의 庚金

卯월 庚金도 당령한 乙木이 庚金을 보면 암암리에 정을 주어 강한 세력을 형성
하므로 丁火를 전용하여 쓰고 甲木으로 인화하여 庚金을 제련하여야 합니다.

辰월의 庚金

辰월 庚金은 戊土가 사령하여 金기가 매장될 우려가 있으므로 金기를 생하지
못한다고 합니다. 그러므로 甲木으로 土기를 먼저 극제하고 丁火를 나중에 쓰
게 됩니다. 土가 왕하여 庚金이 무디고 여리기 때문에 庚金으로 甲木을 쪼개어
쓰지는 않는다고 합니다.

여름철 庚金의 조후용신

○ 庚 ○ ○	○ 庚 ○ ○	○ 庚 ○ ○
○ ○ 巳 ○	○ ○ 午 ○	○ ○ 未 ○

巳월에는 壬水를 전용하고 戊土와 丙火로 보좌합니다.
午월에는 壬水를 전용하고 癸水로 보좌합니다.
未월에는 丁火를 전용하고 甲木으로 보좌합니다.

巳월의 庚金

巳월 庚金은 巳火안에 戊土가 있어 丙火가 金기를 녹이지 못하지만 壬水를 먼저 써서 중화하고 여름 金기에는 土기를 쓰는 것이 좋은 것이니 戊土를 다음에 쓰고 丙火로 보좌하여 삼자가 모두 갖추어지면 부귀하여 진다고 합니다.

午월의 庚金

午월 庚金은 丁火가 왕성하니 壬水를 전용하고 癸水를 다음에 씁니다. 壬水가 투출하고 癸水가 암장되고 지지에 庚辛金을 본다면 반드시 출세한다고 합니다. 戊己土가 水기를 억제하는 것을 기피합니다.

未월의 庚金

未월 庚金은 삼복더위에 차가운 것을 생하는 때이니 丁火와 甲木이 모두 투출하면 이름을 날리고 영화로우며 癸水가 丁火를 상하는 것을 기피합니다.

가을철 庚金의 조후용신

○ 庚 ○ ○	○ 庚 ○ ○	○ 庚 ○ ○
○ ○ 申 ○	○ ○ 酉 ○	○ ○ 戌 ○

申월에는 丁火를 전용하고 甲木으로 보좌합니다.
酉월에는 丁火를 전용하고 甲木과 丙火로 보좌합니다.
戌월에는 甲木을 전용하고 壬水로 보좌합니다.

申월의 庚金

申월 庚金은 강하고 날카롭기 그지없으므로 丁火를 전용하여 제련하여야 하며 다음으로 甲木으로 丁火를 인화하여야 합니다. 가을 金은 가장 날카로우므로 壬癸水를 만나는 것은 좋지 않다고 하며 木火를 만나 격국을 이루어야 하늘에서 주는 수복을 누린다고 합니다.

酉월의 庚金

酉월은 庚金은 강하고 날카로움이 아직 물러가지 않았으므로 丁火를 甲木으로 인화하고 丙火가 적어서는 안 된다고 합니다. 酉월은 양인월이므로 형극이 없고 지장간에 丙火칠살이 있다면 양인가살이라고 하여 장군의 상이요 직언하는 충신이라고 합니다.

戌월의 庚金

戌월 庚金은 戊土가 사령하여 土기가 金기를 매장시키는 것을 가장 두려워하니 甲木으로 우선 土기를 소통시키고 壬水로 庚金을 설기하여야 빛이 난다고 합니다.

겨울철 庚金의 조후용신

○ 庚 ○ ○	○ 庚 ○ ○	○ 庚 ○ ○
○ ○ 亥 ○	○ ○ 子 ○	○ ○ 丑 ○

亥월에는 丁火를 전용하고 丙火와 甲木으로 보좌합니다.
子월에는 丁火를 전용하고 丙火와 甲木으로 보좌합니다.
丑월에는 丙火를 전용하고 丁火와 甲木으로 보좌합니다.

亥월의 庚金

亥월의 庚金은 水기가 차가우므로 丁火로 단련하고 丙火로 따뜻하게 하여야
합니다. 丁火와 甲木이 모두 투출하고 지지에 水국을 이루면 출세하며 丙火가
지지에 암장되어있다면 신선과 같이 풍류지객이 된다고 합니다.

子월의 庚金

子월 庚金은 천기가 매우 차가우므로 丁火와 甲木을 모두 취하고 丙火의 빛과
따뜻함을 취하여야 합니다.

丑월의 庚金

丑월 庚金은 한기가 너무 왕하고 또한 습한 土기가 많은지라 차갑게 얼어있으
므로 丙火로 우선 해동하고 丁火로 제련하여야 할 것이며 甲木이 적어서는 안
된다고 합니다.

봄철 辛金의 조후용신

○ 辛 ○ ○	○ 辛 ○ ○	○ 辛 ○ ○
○ ○ 寅 ○	○ ○ 卯 ○	○ ○ 辰 ○

寅월에는 己土를 전용하고 壬水와 庚金으로 보좌합니다.
卯월에는 壬水를 전용하고 甲木으로 보좌합니다.
辰월에는 壬水를 전용하고 甲木으로 보좌합니다.

寅월의 辛金

寅월 辛金은 아직 한기가 가시지 않았지만 寅중 丙火가 한기를 제거하고 있으니 己土를 취하여 辛金을 생하고 壬水에 의지하여야 합니다. 己土와 壬水기 모두 투출하고 지지에서 庚金이 甲木을 억제하고 있다면 출세는 정해진 것이라고 합니다.

卯월의 辛金

卯월 辛金은 양기가 번성하므로 壬水로 辛金을 보호하고 戊己土를 보면 병이 되니 甲木으로 壬水를 보호하여야 합니다.

辰월의 辛金

辰월 辛金은 戊土가 왕한 것이니 壬水를 먼저 취하고 甲木을 나중에 쓰게 됩니다. 壬水와 甲木이 모두 투출하면 부귀는 당연한 것이라고 합니다.

여름철 辛金의 조후용신

○ 辛 ○ ○	○ 辛 ○ ○	○ 辛 ○ ○
○ ○ 巳 ○	○ ○ 午 ○	○ ○ 未 ○

巳월에는 壬水를 전용하고 甲木과 癸水로 보좌합니다.
午월에는 壬水를 전용하고 己土와 癸水로 보좌합니다.
未월에는 壬水를 전용하고 庚金으로 보좌합니다.

巳월의 辛金

巳월 辛金은 여름이 시작되는 시기이므로 丙火의 조열함을 싫어하고 壬水로 씻김을 좋아합니다. 壬水가 투출한다면 甲木으로 하여금 戊土를 억제하여야 맑은 기운이 자리 잡게 되므로 부귀하게 되는 것입니다.

午월의 辛金

午월 辛金은 丁火가 사령하여 辛金이 유약하므로 壬癸水로 己土를 습하게 하고 辛金을 생하여야 합니다.
여름의 庚辛金은 壬癸水의 득지가 중요하다고 합니다. 木火가 많은데 金水가 보이지 않는다면 金水운이 오히려 부담이 된다고 합니다.

未월의 辛金

未월 辛金은 己土가 왕하여 辛金을 너무 과하게 생조하므로 金기의 빛을 가리는 것이 두려우니 壬水를 먼저 쓰고 庚金을 취하여 보좌하게 합니다.

가을철 辛金의 조후용신

○ 辛 ○ ○	○ 辛 ○ ○	○ 辛 ○ ○
○ ○ 申 ○	○ ○ 酉 ○	○ ○ 戌 ○

申월에는 壬水를 전용하고 甲木으로 보좌합니다.
酉월에는 壬水를 전용합니다.
戌월에는 甲水를 전용하고 壬木으로 보좌합니다.

申월의 辛金

申월 辛金은 스스로 왕하며 申金중에 壬水가 있어 설기가 아름다우나 암장된 戊土가 투출하면 壬水를 극제하니 甲木으로 戊土를 극제하여 壬水를 보호하여야 합니다.

酉월의 辛金

酉월 辛金은 득령하여 왕함이 극에 다다르니 오로지 壬水를 전용하여 설기하여야 辛金이 빛이 납니다. 고서에 이르기를 金기는 水기를 보아야 유통한다고 하였습니다.

戌월의 辛金

戌월 辛金은 戊土가 사령하여 왕한 인성이 일간을 생하는 것이니 반드시 甲木으로 왕한 土기를 소토하여야 하며 壬水로 왕한 金기를 설기하여야 합니다.

겨울철 辛金의 조후용신

○ 辛 ○ ○	○ 辛 ○ ○	○ 辛 ○ ○
○ ○ 亥 ○	○ ○ 子 ○	○ ○ 丑 ○

亥월에는 壬水를 전용하고 丙火로 보좌합니다.
子월에는 丙火를 전용하고 壬水로 보좌합니다.
丑월에는 丙火를 전용하고 壬水로 보좌합니다.

亥월의 辛金

亥월의 辛金은 소양의 시기이므로 양기가 점차로 올라가고 한기가 점차 내려 오는 때이므로 壬水를 먼저 쓰고 丙火를 다음으로 쓰는 것입니다.

子월의 辛金

子월 辛金은 癸水가 사령하였으므로 차가운 겨울비가 드러났다고 합니다. 癸 水의 투출은 금기를 얼게 하니 丙火가 힘들어지는 것입니다. 壬水와 丙火가 모 두 투출하고 戊土와 癸水가 없다면 부귀하다고 합니다.

丑월의 辛金

丑월의 辛金은 추운 것이 극에 다다르니 丙火를 먼저 쓰고 壬水를 나중에 쓰 며, 丙火가 없으면 해동을 할 수 없으며 壬水가 없으면 설기를 할 수 없다고 합 니다.

水

양기가 서북으로 기울게 되면 申金에서는 水가 나오고
음기가 동남으로 꺼지면서 辰土에서 水를 가둔다고 합니다.
申金으로 역류하면 소리가 나므로 水는 서쪽으로 흐르지 아니합니다.

水의 성질은 아래로 흐르는 것이므로 십이지지로 순행하면 순리대로 흐르는
것으로 도량이 있어 길신을 도우면 귀격이라 하는 것이며, 역행하면 십이지지
를 거스르는 것으로 소리가 난다고 합니다.

水의 원천이 끊어지지 않음은 金의 생함으로 멀리 흐르는 것이며 水가 범람하
여 넘치면 土의 극함으로 제방을 쌓아 막으면 됩니다.

水와 火가 균형을 이루면 水火가 조화로운 수화기제水火旣濟의 아름다움이 있
으며 水와 土가 혼잡하면 탁하게 되어 흉하게 됩니다.

사계절에는 모두 火가 많음을 싫어하니 水가 마르기 때문이고
土가 왕함을 싫어하니 水가 흐르지 못하기 때문이고
金이 죽음을 싫어하니 金이 죽으면 水가 곤란하기 때문이고
木이 왕함을 싫어하니 木이 왕하면 水가 죽기 때문입니다.

고서에서 이르기를
水가 동요하면 주로 탁하고 범람하게 되며 여인에게는 특히 꺼리는 것이라고
하였으며, 壬水가 신약하면 빈궁하여지고 癸水가 신약하면 주로 귀하여진다고
하였습니다.

봄에 태어난 水는 넘치고 음란한 성질이 있으며, 재차 水의 도움을 만나면 반드시 제방을 무너뜨리는 세력을 가지게 되지만 土의 세력이 왕성하다면 水가 넘치는 염려는 없다고 합니다.

金이 도와주는 것을 좋아하나 金이 왕성하면 탁하게 되므로 좋아하지는 않게 됩니다. 火의 조화로움을 원하나 火가 많으면 水기가 마르므로 필요로 하지는 않으며, 木을 보면 공덕을 베푸나 土가 없다면 산만하여 우울해진다고 합니다.

여름에 태어난 水는 원점으로 돌아가려는 성질이 있고 물이 마를 시기이니 비견을 득하기를 바라며 金이 생하여 도와주는 것을 기뻐하게 됩니다. 火가 왕한 것을 싫어하니 마르기 때문이며, 木이 왕성하면 기를 빼앗기고 土가 왕성하면 그 흐름을 막게 됩니다.

가을에 태어난 水는 어미와 자식이 모두 왕하므로 안과 밖으로 모두 맑게 되며 金의 도움을 얻게 되면 더욱 맑게 된다고 합니다.
왕한 土를 만나면 혼탁해지고, 많은 火는 재성이 왕성한 것이고
木이 왕하면 자식이 영화롭게 된다고 합니다.
水가 많게 되면 범람하게 되는 것을 우려하게 되므로
土가 많아 중첩이 된다면 맑음을 평정하는 뜻을 갖게 되는 것입니다.

겨울에 태어난 水는 당령을 하였으므로 火를 만나 따뜻하게 하여 추운 것을 제거해야 합니다.
土를 본다면 모습을 감추고 귀화하게 되며
金이 많으면 오히려 의리가 없다고 하며
木이 왕성하면 맑음이 있다고 하는 것이며
土가 태과하다면 세력으로 흔적을 만들 것이며
水가 범람한다면 土로 제방을 만들어 주어야 좋다고 합니다.

봄철 壬水의 조후용신

○ 壬 ○ ○	○ 壬 ○ ○	○ 壬 ○ ○
○ ○ 寅 ○	○ ○ 卯 ○	○ ○ 辰 ○

寅월에는 庚金을 전용하고 丙火와 戊土로 보좌합니다.
卯월에는 戊土를 전용하고 辛金과 庚金으로 보좌합니다.
辰월에는 甲木을 전용하고 庚金으로 보좌합니다.

寅월의 壬水

寅월의 壬水는 커다란 바다의 상이므로 수많은 하천이 모이는 자리이나 봄에는 水기의 성질이 쇠약하여 마땅히 庚金을 수원으로 사용하여 근원이 끊어지지 않도록 하여야 합니다. 水기가 넘치면 戊土로 막아야 하고 아직 추우니 丙火로 따뜻하게 하여 주어야 합니다.

卯월의 壬水

卯월 壬水는 한기가 제거되기 시작하여 물이 흐르는 때이므로 丙火의 따뜻함은 필요 없고 戊土를 우선 사용하여 흐르는 물을 막고 물을 계속 흐르게 하기 위하여 辛金을 나중에 쓰며 庚金을 다음으로 쓴다고 합니다.

辰월의 壬水

辰월 壬水는 戊土가 사령하여 산이 밀려와 바다를 메울까 두려워지니 甲木으로 우선 戊土를 극제하여 막고 다음으로 庚金으로 壬水를 도와야 합니다.

여름철 壬水의 조후용신

○ 壬 ○ ○	○ 壬 ○ ○	○ 壬 ○ ○
○ ○ 巳 ○	○ ○ 午 ○	○ ○ 未 ○

巳월에는 壬水를 전용하고 辛金과 庚金으로 보좌합니다.
午월에는 癸水를 전용하고 庚金과 辛金으로 보좌합니다.
未월에는 辛金을 전용하고 癸水와 甲木으로 보좌합니다.

巳월의 壬水

巳월 壬水는 丙火가 사령하여 水기가 극도로 약하므로 壬水비견을 전용하여 도움을 받아야 하며 다음으로 辛金으로 수원을 삼아야 할 것입니다. 辛金과 丙火가 합하면 庚金으로 보좌하여야 합니다.

午월의 壬水

午월 壬水는 丁火가 왕하고 壬水가 약하므로 癸水를 취하여 돕고 庚金으로 壬癸水를 생하여 보좌합니다. 庚金이 없어 수원이 될 수 없다면 癸水는 丁火를 상하게 할 수 없습니다.

未월의 壬水

未월은 己土가 사령하여 土기가 왕하고 丁火가 퇴기하므로 辛金으로 일간 壬水를 생하여 주고 癸水와 甲木으로 일간을 도와야 합니다.

가을철 壬水의 조후용신

<table>
<tr>
<td>○ 壬 ○ ○
○ ○ 申 ○</td>
<td>○ 壬 ○ ○
○ ○ 酉 ○</td>
<td>○ 壬 ○ ○
○ ○ 戌 ○</td>
</tr>
</table>

申월에는 戊土를 전용하고 丁火로 보좌합니다.
酉월에는 甲木을 전용합니다.
戌월에는 甲木을 전용하고 丙火로 보좌합니다.

申월의 壬水

申월은 庚金이 사령하고 壬水의 수원지가 되므로 壬水의 세력이 강하다고 합니다. 그러므로 戊土를 전용하여 水기의 강한 세력을 방지하고 丁火를 취하여 戊土를 보좌하고 庚金을 억제하여야 합니다.

酉월의 壬水

酉월은 辛金이 사령하였으므로 壬水와 결합하여 금백수청이 바르게 되었다고 합니다. 그러므로 戊土가 극제하면 오히려 탁해지므로 오로지 甲木을 전용하여 戊土를 막아야 壬水는 맑아지며 명예가 드높아진다고 합니다.

戌월의 壬水

戌월은 壬水의 기운이 펼쳐지는 때인데 土왕절로서 土기가 왕하므로 甲木으로 우선 소토하여 壬水의 기운이 펼쳐지게 하고 丙火로 밝게 비추어 준다면 맑은 귀함이 극에 이르게 됩니다.

겨울철 壬水의 조후용신

○ 壬 ○ ○	○ 壬 ○ ○	○ 壬 ○ ○
○ ○ 亥 ○	○ ○ 子 ○	○ ○ 丑 ○

亥월에는 戊土를 전용하고 庚金으로 보좌합니다.
子월에는 戊土을 전용하고 丙火로 보좌합니다.
丑월에는 丙火를 전용하고 甲木으로 보좌합니다.

亥월의 壬水

亥월 壬水는 壬水가 사령하여 水기가 매우 왕하므로 戊土로 水기를 극제하여야 합니다. 甲木이 戊土를 상하지 아니하도록 庚金으로 甲木을 억제하여 戊土를 보호하여야 부귀하게 됩니다.

子월의 壬水

子월 壬水는 양인격이니 水기가 매우 왕하여 戊土칠살로 억제함이 반드시 필요하고 丙火를 채용하여 戊土를 도와야 부귀하여 집니다.

丑월의 壬水

丑월 壬水는 추위가 극함에 다다르다가 해동하는 계절이므로 상반월에는 丙火로 해동하고 戊土로 왕한 水기를 제어하며 하반월에는 丙火로 해동하고 甲木으로 왕한 土기를 제어해야 합니다.

봄철 癸水의 조후용신

○ 癸 ○ ○	○ 癸 ○ ○	○ 癸 ○ ○
○ ○ 寅 ○	○ ○ 卯 ○	○ ○ 辰 ○

寅월에는 辛金을 전용하고 丙火로 보좌합니다.
卯월에는 庚金을 전용하고 辛金으로 보좌합니다.
辰월에는 丙火를 전용하고 辛金과 甲木으로 보좌합니다.

寅월의 癸水

寅월의 癸水는 비와 이슬의 정기로 그 성정이 매우 유약하니 辛金으로 癸水의 수원을 만들고 丙火로 따뜻하게 비추어 주어야 만물이 발생하게 됩니다.

卯월의 癸水

卯월 癸水는 강하지도 않고 유약하지도 아니하니 乙木이 사령하여 癸水를 설기하여 약해지므로 庚金을 전용하여 乙木의 설기를 막고 辛金을 다음으로 씁니다.

辰월의 癸水

辰월 癸水는 청명 곡우로 나누어지며

청명 이후에는 火기가 아직 치열하지 아니하니 丙火를 전용하여야 음양이 합하여 조화가 되는 것이며, 곡우 이후에는 비록 丙火를 쓴다하여도 辛金과 甲木으로 보좌하여야 마땅한 것입니다.

여름철 癸水의 조후용신

○ 癸 ○ ○	○ 癸 ○ ○	○ 癸 ○ ○
○ ○ 巳 ○	○ ○ 午 ○	○ ○ 未 ○

巳월에는 辛金을 전용하고 壬水로 보좌합니다.
午월에는 庚金을 전용하고 壬水와 辛金으로 보좌합니다.
未월에는 庚金을 전용하고 壬水로 보좌합니다.

巳월의 癸水

巳월 癸水는 辛金을 쓰는 것을 기뻐하며 辛金이 없다면 庚金을 씁니다. 辛金이 투출하고 壬水로서 辛金을 설기하는데 丁火가 보이지 아니한다면 주로 출세하여 사방에 이름을 떨치게 되고 귀하게 됩니다.

午월의 癸水

午월 癸水는 뿌리가 없어 지극히 약하므로 반드시 庚辛金으로 일간을 생하여야 합니다. 丁火가 사령하여 金기가 火기로 인하여 곤란할 것이니 壬癸水비겁으로 丁火를 제어하여야 마땅하고 辛金으로 생하여야 할 것입니다. 午월의 癸水는 庚辛金과 壬水를 참작하여 함께 쓸 수 있습니다.

未월의 癸水

未월 癸水는 상반월은 庚辛金의 기운이 없으니 壬癸水비겁으로 도와야 할 것이며 하반월은 庚辛金의 기운이 있으니 金기의 생함이 있을 것이므로 비겁의 도움이 없어도 가능하다고 합니다.

가을철 癸水의 조후용신

○ 癸 ○ ○	○ 癸 ○ ○	○ 癸 ○ ○
○ ○ 申 ○	○ ○ 酉 ○	○ ○ 戌 ○

申월에는 丁火를 전용하고 甲木으로 보좌합니다.
酉월에는 辛金을 전용하고 丙火로 보좌합니다.
戌월에는 辛金을 전용하고 甲木으로 보좌합니다.

申월의 癸水

申월의 癸水는 庚金이 사령하여 예리함이 극에 다다른 것이니 반드시 丁火를 전용하고 甲木으로 丁火를 도와야 할 것입니다. 申월의 癸水는 죽음의 자리라고 하나 庚金의 생함이 있으므로 살아남아 있는 것이고 약한 중에 강함이 있는 것이니 서북운으로 흐른다면 죽지 않는다고 합니다.

酉월의 癸水

酉월 계수는 辛金을 용하고 丙火로 보좌하여 水기를 따뜻하게 하고 金기를 보온해야 합니다. 丙火와 辛金이 떨어져서 동시에 투출한다면 명예가 빛난다고 합니다.

戌월의 癸水

戌월 癸水는 戊土가 사령하여 극제가 태과하므로 辛金을 전용하여 수원지로 써야 할 것이며, 癸水비견이 甲木을 자양하여 戊土를 억제하는 것이 묘한 방책이라고 합니다.

겨울철 癸水의 조후용신

○ 癸 ○ ○	○ 癸 ○ ○	○ 癸 ○ ○
○ ○ 亥 ○	○ ○ 子 ○	○ ○ 丑 ○

亥월에는 庚金을 전용하고 辛金으로 보좌합니다.
子월에는 丙火를 전용하고 辛金으로 보좌합니다.
丑월에는 丙火를 전용하고 壬水와 戊土로 보좌합니다.

亥월의 癸水

亥월의 癸水는 왕한 가운데 약한 것이 있다고 하는 것은 亥水로 인하여 甲木이 동하여 원신을 설기하기 때문이니 마땅히 庚辛金으로 甲木을 제어해야 합니다. 庚辛金이 더불어 투출하고 丁火가 상하게 하지 않는다면 부귀하다고 할 수 있다고 합니다.

子월의 癸水

子월 癸水는 얼어붙는 시기이니 金氣가 水氣를 생하는 기쁨이 없으므로 오로지 丙火를 전용하여 해동하고 辛金으로 도와주어야 합니다. 겨울 癸水는 丙火로 해동하여야 金水가 따뜻해지는 것인데 壬癸水가 보이지 아니하여야 부귀할 수 있다고 합니다.

丑월의 癸水

丑월의 癸水는 추운 것이 극에 달하여 얼어붙어 만물이 펼치지 못하므로 丙火로 해동하고 壬水로 丙火의 빛을 비추어주어야 하며 戊土가 있어야 출세하게 된다고 합니다.

Summary

일간 월	甲	乙	丙	丁	戊	己	庚	辛	壬	癸
寅	丙癸	丙癸	壬庚	庚	丙甲癸	丙戊	丙甲	己壬庚	庚丙戊	辛丙
卯	庚戊己	丙癸	壬庚辛	庚甲	丙甲癸	甲癸丙	丁甲	壬甲	戊辛庚	庚辛
辰	庚壬	癸丙	壬甲	甲庚	甲丙癸	丙癸甲	甲丁	壬甲	甲庚	丙辛甲
巳	癸丁庚	癸庚辛	壬庚	甲庚	甲丙癸	癸丙辛	壬戊丙	壬甲癸	壬辛庚	辛壬
午	癸丁庚	癸丙	壬庚	壬庚	壬甲	壬丙庚	壬癸	壬己癸	癸庚辛	庚壬辛
未	丁庚	癸丙	壬庚	甲壬	癸丙	癸丙辛	丁甲	壬庚	辛癸甲	庚壬
申	丁庚戊	丙癸己	壬戊甲	甲庚丙	丙癸甲	丙癸	丁	壬甲	戊丁	丁甲
酉	丁丙庚	丙癸	壬庚	甲庚丙	丙癸	丙癸	丁甲丙	壬	甲	辛丙
戌	丁壬戊	癸辛	甲壬	甲庚	甲癸丙	甲癸	甲壬	甲壬	甲丙	辛甲
亥	庚丁丙	丙戊	甲戊庚	甲庚	甲丙	丙甲	丁丙甲	壬丙	戊庚	庚辛
子	丁庚丙	丙戊己	壬戊	甲庚	丙甲	丙甲	丁丙甲	丙壬	戊丙	丙辛
丑	庚丁	丙戊己	壬甲	甲庚	丙甲	丙甲	丙丁甲	丙壬	丙甲	丙壬戊

용신편을 마치며

용신편을 집필하며 적천수의 임철초 선생을 만나보았고 자평진전의 심효첨 선생을 만나보았으며 궁통보감의 여춘대 선생을 만나보았습니다.

이 분들은 비록 오백여 년 전의 사람들이지만 시공간을 초월한 이 자리에 나타나시어 귀중한 용신법을 가르쳐주신 분들입니다. 그들의 영혼에게 감사한 마음을 전합니다.

천여 년 전 서자평 선생에 의하여 창안된 자평명리학은 세월이 지나면서 여러 가지 이론과 통변법이 제시되었으며 특히 오백여 년 전에 이분들이 각자가 제시한 용신법은 비록 다르지만 오늘날의 사주명리의 주요 용신법으로 자리잡고 있습니다.

이분들은 각자가 제시한 용신법은 사용법도 다르고 오백여 년의 세월동안 변질된 것도 많다고 하였습니다. 해석하는 이들이 서로가 자신의 생각을 펼치며 본질에서 벗어난 해석으로 후학들을 혼란하게 만들기도 하였다고 하며 화를 내기도 하였지만 이들은 묵묵히 바라보며 진리는 변하지 않는다는 신념을 보여주었습니다.

이분들이 강조하는 것은 용신을 하나로만 본다면 눈먼 소경이 코끼리를 만지는 식이라고 하였습니다. 적천수의 용신법이 다르고 자평진전의 용신법이 다르고 궁통보감의 용신법이 다르지만 이는 사주팔자를 보는 방법이 다를 뿐이지 결국 하나라고 합니다. 자신들도 살아 생전에는 자신의 용신법만 최고인지 알았는데 죽어서 영혼이 되어 함께 만나서 이야기해보니 잘못 되었음을 알게 되었다고 합니다.

여러 각도로 보는 용신법을 하나로 합쳐야지만 제대로 된 것을 볼 수 있다는 것을 깨달았다고 합니다. 여러 명의 눈먼 소경이 본 코끼리를 하나로 합쳐야만 코끼리가 완성되는 것과 같다고 합니다.

적천수천미의 억부용신과 자평진전의 격국용신과 전왕용신 그리고 궁통보감의 조후용신을 하나로 합쳐서 보아야 한다는 것입니다.

세 분의 스승님은 비록 각자가 자신의 용신법을 전했지만 이들의 영혼이 만나 서로 합의를 본 결과 모두 합쳐야 한다는 것입니다.
그래야 제대로 된 사주팔자의 통변을 할 수 있다고 합니다.

필자는 이 분들의 가르침에 따라 필자의 사주를 용신법에 의하여 통변을 해봅니다.

시		일		월		년		구분
丁		己		丙		甲		천간
卯		未		寅		午		지지
71	61	51	41	31	21	11	1	
甲	癸	壬	辛	庚	己	戊	丁	대운
戌	酉	申	未	午	巳	辰	卯	

己土일간의 寅월은 정기 甲木정관에 의하여 정관격이 격용신이 됩니다. 천간에 寅木에서 투출한 甲木과 丙火가 년월간에 자리잡고 있으며 지지에서는 寅午가 합을 하고 있습니다.

따라서 격용신은 정관격과 인수격을 합친 겸격이 된다고 하면서 서로 유정하므로 정관용인격이 되기도 하고 인수용관격이 되기도 합니다.

정관용인격이나 인수용인격이나 직장생활을 통하여 명예를 추구하는 명이 됩니다. 사주에 식상이 없어 몸을 쓰는 직업은 맞지 아니합니다.
사주팔자의 용도가 직장인으로 비활동적인 사무직이라는 것입니다.

甲木정관 丙火인성의 기세가 강하므로 역량이 뛰어나다고 할 수 있습니다. 사무직을 수행하는 직업에서는 뛰어난 역량을 발휘하게 됩니다. 대운은 木火운으로 흐르니 역량을 도와 더욱 더 발전할 수 있게 도와주고 있습니다.
그러나 金水의 역량이 전무한 상태에서 金운은 직장인으로서의 직업을 더 이상 지속하지 못하게 됩니다. 金水운에 木火의 역량을 제대로 발휘할 수 없기 때문입니다. 따라서 壬申대운에 퇴직을 하고 이후로는 모든 사회적 인연을 끊고 수행의 삶의 살게 됩니다.

사주팔자가 木火土로만 구성되어 있으므로 삼상격으로 전왕용신의 형태가 되면서 매우 강한 사주로 木火운에 발전하지만 사주팔자에 냉방장치가 없습니다. 에어컨이 없는 자동차를 타고 있는 것과 마찬가지이므로 조후가 구비되지 않았으니 삶이 편안하지 않게 됩니다.

직장인으로서 전왕용신인 역량이 충분하므로 명예를 추구하며 중견 간부의 직급에 오르기는 하였어도 환경은 매우 열악하므로 고통스러운 삶을 살았다고 할 수 있습니다. 직장생활이 편하지 않았으며 열기가 가득한 곳에서 고통스럽게 경쟁하여야 했기 때문입니다.

壬申대운이 오면서 운에서 시원한 환경이 만들어지지만 이미 직장인으로서의 역량을 발휘하기 어려운 것이므로 더 이상의 명예는 추구하지 못하고 퇴직하여 은둔하며 사는 수행의 삶을 살게 된 것입니다.

사주팔자를 단지 격국용신으로만 보았다면 직장인으로서 성공하는 삶을 산다고 할 수 있으나 운에서 오는 조후의 환경은 결코 편하지 못하므로 필자에게 속한 가족 또한 편안하지 못한 것입니다. 그러므로 가정은 편안하지 못하고 가족들 역시 고통을 함께 겪어야만 하였습니다.

木火관인의 격국용신과 억부용신의 능력은 비록 역량이 많아 뛰어났다고 하지만 金水식재의 역량이 전무한 상태에서 올바른 결실을 맺지 못하였으니 삶을 제대로 살았다고 할 수 없는 것입니다.

운에서 만나는 격국용신과 억부용신 그리고 조후용신의 변화는 삶의 변화를 실감하도록 하였습니다. 운의 변화를 결코 무시할 수 없는 이유입니다.

세 분의 가르침으로 필자의 사주를 조명하여 보았습니다.
격국과 억부 그리고 조후로 보는 사주팔자의 모습으로 삶을 보는 것입니다.
과거의 모습과 지금 현재의 모습 그리고 미래의 모습을 바라보게 됩니다.

사주팔자를 미리 알았다면 좀 더 나은 삶을 살 수 있었을 것이라는 자책을 하며 뒤늦은 후회를 하고 있지만 이제라도 알 수 있음에 안도의 한숨도 내 쉴 수 있는 것입니다.

이제 임철초, 심효첨, 여춘대 세 분의 스승님에게 다시 한 번 고개 숙여 감사를 드리며 세 분의 가르침을 책으로 엮어 하나의 용신을 만드는 비법을 후배들에게 전수하겠다는 약속을 하였답니다.

부디 이 책을 보고 용신법을 공부하는 분들은 세 분의 가르침에 따라 하나의 용신에만 매달리거나 하나의 용신에만 집착하지 말고, 용신이란 사주팔자의 용도와 역량을 가늠하고 환경에 알맞게 사는 법을 가르쳐주는 것이라는 이해를 하여야 삶의 행복을 만들 수 있는 것입니다.

무술년 상반기
무공서원에서